毫无疑问，他是我目前所知的最有天赋之人。在乐队面前如此镇定自若，就仿佛已经从事指挥二十年似的。

——指挥大师　赫伯特·冯·卡拉扬

克劳迪奥的用语非常简洁。在一次舒伯特交响曲的排练中，他对效果并不满意，他只敲敲指挥台，问了一个词："为什么？"多余的话一句没有。没有什么比这一个词更清楚的了。

——传奇指挥家　卡洛斯·克莱伯

他在伦敦交响乐团历史上的作用非常重要，的确是个光芒四射的人物。他的音乐会能让人窒息。我记得有的音乐家在阿巴多指挥时热泪盈眶。我们这些在乐团经历了八十年代的人，满怀敬意和赞赏地怀念他。

——伦敦交响乐团董事　雷诺克斯·麦肯兹

他是一个特别的混合体。一方面极端固执，另一方面又极端民主。他会提出一些激动人心的建议，然后后退一步考虑，之后又再接再厉。这样他就将设想好的预定目标向前推进。

——指挥家　西蒙·拉特

我尊重乐团的乐手，他们也同样报以尊重，这是最关键的。这样他们谈到指挥家时才不会像谈论老板一样——这也是我所深感厌恶的。

　　在我的记忆中，曾有许多与作家、不同的文学种类和文化流派邂逅的时光。文学在我的人格发展和艺术成长中扮演了非常重要的角色。就好像一种认知能力，一双关键时刻的援手。

　　每个艺术家都力求尽可能令人信服地表现出人的内心世界。我们所有人都是为这个目标而努力。

——克劳迪奥·阿巴多

克劳迪奥·阿巴多

[德] 沃尔夫冈·施莱伯 （Wolfgang Schreiber）——— 著

松健———译

CLAUDIO

ABBADO

中国友谊出版公司

图书在版编目（CIP）数据

克劳迪奥·阿巴多 /（德）沃尔夫冈·施莱伯著；

松健译 . —— 北京：中国友谊出版公司，2020.12

书名原文：CLAUDIO ABBADO

ISBN 978–7–5057–5048–7

Ⅰ . ①克… Ⅱ . ①沃… ②松… Ⅲ . ①克劳迪奥·阿
巴多 (1933-2014) － 传记 Ⅳ . ① K835.465.76

中国版本图书馆 CIP 数据核字 (2020) 第 219422 号

书名	克劳迪奥·阿巴多
作者	[德] 沃尔夫冈·施莱伯
译者	松　健
出版	中国友谊出版公司
发行	中国友谊出版公司
经销	新华书店
印刷	河北鹏润印刷有限公司
规格	880×1230 毫米　32 开
	10 印张　177 千字
版次	2020 年 12 月第 1 版
印次	2020 年 12 月第 1 次印刷
书号	ISBN 978–7–5057–5048–7
定价	68.00 元
地址	北京市朝阳区西坝河南里 17 号楼
邮编	100028
电话	(010) 64678009

序

2009 年 9 月 20 日晚，19 点 30 分，当国家大剧院音乐厅舞台的侧门打开、阿巴多和王羽佳刚刚走出时，迎接他们的并非"雷鸣般的掌声"，而是全体听众情不自禁的狂喜欢呼！这确实是音乐爱好者盛大的节日和狂欢，而带来这狂欢的灵魂人物就是看起来瘦弱平静的克劳迪奥·阿巴多大师。他让我再次对老一辈指挥家夏尔·明希说过的话深信不疑："有些指挥家，只要他们一出现在台上，其感染力就已经开始发散，在他们还没有挥动指挥棒表示准备的时候，整个气氛就已经完全改变。只要他们一出场，将音乐世界从睡梦中惊醒，立即就会引起人们激动、兴奋的热潮，你会感到要有某种非凡的事发生……"（《论指挥》，北京，人民音乐出版社，1979 年，第 2 页）

在 2009 年 9 月 20 日至 25 日那几天里，在国家大剧院中，确实有非凡的事发生。作为国家大剧院"2009 琉森音乐节在北京"

的最受期待的演出盛事，阿巴多和琉森节日乐团在国家大剧院的四场壮丽演出掀起了空前的狂热。虽然，由于近年来国际名家名团的频繁到来，见多识广或者至少是自以为见多识广的听众已经不像从前那样动辄蜂拥而至、激动不已了，而且，照某位思想家的说法，当今的人们"在热情方面的预算日益缩减"，然而，当阿巴多指挥下的琉森节日乐团将普罗科菲耶夫、马勒和莫扎特的音乐像灿烂的阳光般洒向听众席时，谁还能无动于衷？谁还会觉得普罗科菲耶夫第三钢琴协奏曲是浮华的技巧炫示、马勒的交响曲是莫名的喧嚣与骚动、莫扎特的音乐是平淡的 18 世纪陈词滥调？谁能不由衷相信英国桂冠诗人约翰·德莱顿在《圣塞西莉亚日颂歌》中发出的那句著名慨叹——"什么样的激情音乐不能唤起和平息？"

对于我，这四场难忘的音乐会也让阿巴多由当代杰出的指挥家之一变为超凡入圣的音乐大师。自 1990 年 9 月正式就任柏林爱乐乐团常任指挥到 2002 年因健康原因辞去这一职务，阿巴多作为继伟大的比洛、尼基什、富特文格勒和卡拉扬之后第五位执掌柏林爱乐乐团的指挥家，与这个在全世界乐坛具有不可取代的崇高地位的乐团度过了 12 年。但在很多音乐爱好者心目中，阿巴多在柏林爱乐乐团的成就不过是这个伟大乐团昔日辉煌的返照。阿巴多的音乐会所体现的艺术水准和感染力，是他晚年在琉森成就的、注定将载入史册的当代音乐传奇的一次灿烂雄浑展现，对于有幸在现场聆听者，不啻为巨大的发现。阿巴多指挥下的琉森节日乐团奏出的是即使从世界顶级乐团如柏林爱乐乐团和维也纳爱乐乐团的演奏和录音中也难得听到的一种独特的丰富、醇厚、绚丽的管弦之音。阿巴多对于管弦乐织体的高度敏感以及擅长调配管弦乐色彩的能力，他对于音乐律动的准确把握，对于宏大结构的出色驾驭，他指挥下的琉森节日乐团的明星阵容，使得他的指挥艺术抵达了一个空前的高度和澄澈之境。阿巴多还能在每场音乐会上赋予他与演奏者和听者都熟悉的音乐作品以强烈的"即兴感"，听者会像舒曼赞叹门德尔松指挥时说的那样，感到指挥家是在"当场作曲"。阿巴多有神奇的手法让他熟稔于心的作品如同第一次演奏那样清新，所有的音符都像是即兴演奏，充满灵性，洋溢着温暖亲切的表达。指挥台上的阿巴多手势惊人地简练，却时时具有不可思议的美感。他的脸上几乎总是洋溢着轻松的、发自内心的微笑。我发现，在每一场音乐会上，从第一个到最后一个音符，琉森节日乐团的音乐家们多么幸福和忘情地演奏，与阿巴多、众位同事、全体听众共同沉浸在最美的音乐中。对于听者而言，这种难忘的精神体验中包含了无数美妙的瞬间，在这样的时刻，我们会像歌德笔下的浮士德那样感叹——"你太美了！请你驻足！"

　　从 2019 年秋至今的十余年间，无数次回味那四场难忘的音乐会时，也伴随着一种愿望，即能读到阿巴多大师的传记，更多地了解这位指挥家。在 2019 年盛夏，当我的出版家朋友申明先生告诉我他在萨尔茨堡发现了刚问世的沃尔夫冈·施莱伯著《克劳迪奥·阿巴多》时，我油然而生的第一个愿望是希望拥有一本。感谢申明先生，这本有着强烈吸引力的新书不久就出现在了我的面前。而在与申明先生谈话间，非常自然地，我们的话题奔向了一个方向：将这本书翻译成中文出版，以飨宴更多中国读者，特别是热爱阿巴多的爱乐者。而这一愿望，由于译者松健的辛勤笔耕以及申明先生领导下斯坦威图书公司的高效运作而成为现实。

　　杰出人物的传记千姿百态，而当今人们的阅读品味或许更倾向于在求真的前提下有更多发现，毕竟，阅读中的心潮澎湃如果基于虚构，我们难免会产生一种"这与传记所写的人物有多大关系"的质疑，而沃尔夫冈·施莱伯的《克劳迪奥·阿巴多》，在我读过的众多包括音乐家在内的传记中，属于体现诗人济慈在他的《希腊古瓮颂》结尾所写的"美即真，真即美"（Beauty is truth, truth is beauty）理念的写作。阿巴多一生的足迹，从孩提和少年时代，到他在米兰和维也纳的求学岁月，到他执掌柏林爱乐乐团的时期，直到他的朋友们（以及世界各地的音乐爱好者们）乐于称为的"琉森的奇迹"，施莱伯这位《南德意志报》音乐编辑和阿巴多艺术活动的密切关注者，都有客观真实的记录。而像我们所知的太多德国著述者一样，施莱伯的视角会在某些时候透过现象而进入对艺术活动背后的理念、思想和意义的探索。比如对阿巴多引起维也纳公众和评论界广泛关注的"歌剧考古"，他对作曲家手稿的高度重视，以及对他作为"后卡拉扬时代"指挥家的个性以及与乐团音乐家相处方式的探讨。与柏林爱乐乐团的纪录片以及很多热衷于比较卡拉扬和阿巴多这两位大师不同风格的音乐界人士和音乐爱好者所持的看法大不相同的是，在施莱伯笔下，柏林爱乐乐团的演奏家们与阿巴多合作之初感到的并非摆脱了卡拉扬这位权威大师的"轻松感"，而更多的是不适应："对90年代的某些柏林爱乐乐团团员来说，阿巴多摒弃指挥家的霸权形象，从某种角度上说也造成了不安和冲击，因为传统熟悉的音乐交流方式似乎也一并被抛弃了。"（见本书第163页）。而阿巴多在沉默寡言中所达到的"无为而治"境界，在不同的观察者和著述者视角中有不同的评价。施莱伯所持的观点，也是汤姆·塞维斯在他的《音乐作为炼金术》一书中关于阿巴多与琉森节日乐团的第6章中贯穿的基调。阿巴多给予乐团每一位演奏家以最大的尊重和自由的艺术创造空间，带来的是一种几乎难以置信的乌托邦式美妙氛围。琉森节日乐团低音提琴声部首席是担任维也纳爱乐乐团低音提琴声部首席二十多年的阿罗伊斯·波施，他给予阿巴多这样的评价："我回想与卡洛斯·克莱伯，与列奥纳德·伯恩斯坦，与卡拉扬的合作，这些名字如今我们觉得如此伟大，但与他们合作也都存在问题！而且在乐团中对他们每一位也总有不同的看法。但这里（琉森节日乐团）却没有，只有与阿巴多一起在音乐上的协调合作。" (Tom Service, *Music as Alchemy, Journeys with Great Conductors and Orchestras*, London, Faber and Faber, 2012, p.255）

虽然，在我看来，阅读音乐家传记并非聆听和体悟他们带给我们的音乐的必要前提，但有些时候，一本好的传记能让我们在更加深入地了解音乐家的同时，为我们的聆听带来更多的专注、灵感和热情。蕾娜特·瓦格纳为此书撰写的书评认为，对于艺术活动如此多面而丰富的阿巴多而言，施莱伯的传记作为"快速回望"十分有益。我作为第一本中文版阿巴多传"先睹为快"的读者，在此有勇气对翻开此书的诸位读者朋友们说：沃尔夫冈·施莱伯的《克劳迪奥·阿巴多》将让我们在更多地了解这位指挥家的同时，以更大的热情步入他的浩瀚音乐世界。

王纪宴

2020.9.18

目 录

第一章

听友俱乐部

我们梦想周游世界，

但世界岂不就在我们心里？

我们无法探知自己灵魂深处，

自有秘径通向其中。

——诺瓦利斯

同浪漫诗人诺瓦利斯一起，前往声音的深处！音乐家克劳迪奥·阿巴多喜好赏诗读书，一生与动静的奥秘结缘，而理由却朴实得多："音乐对我而言意味什么？一切。即便是不爱音乐之人，不识音乐之人，都能从中获得帮助。因为音乐是生命中最重要的元素之一。"对音乐的痴迷从小就是阿巴多生命中最重要和最"美妙"的事情。他希望音乐家始终忠实于乐谱、"满怀热忱地演奏"。因为罗伯特·舒曼早已提到："丧失激情，艺术将乏善可陈。"随着年岁渐长，阿巴多愈加擅长以音乐感化人，这不仅为他赢得艺术家和普罗大众的尊敬，继而还有钦佩和好感。

　　这就引发一些有意思的事了，比如乐迷们成立了阿巴多之友漫游协会——一个公开注册名为"阿巴多人漫游俱乐部"（CAI）的社团，并半开玩笑地用了阿巴多喜爱的意大利阿尔卑斯登山之友协会的同名缩写（CAI）。"阿巴多人"自诩为指挥家的坚实后盾，无论他在维也纳、柏林、慕尼黑或琉森任职的时光，还是在罗马和米兰指挥演出的岁月。他们一路跟随奔赴加拉加斯、纽约、东京和北京观演。中场休息时他们随处可见，无一不脸上熠熠放光，满腹音乐经纶。对"阿巴多人"来说，单纯听唱片是远远不够的，他们追求的是身临其境，亲耳聆听阿巴多的指挥，亲身感受阿巴多的所闻，只有追现场才能让他们满足。他们熟知关于艺术和阿巴多生活的一切，比如他排斥所谓"大师"、"明星指挥家"之类的名头，他们甚至清楚阿巴多的日程安排。

阿巴多人漫游俱乐部由米兰人阿提利亚·茱莉亚尼于 1968 年在阿巴多故乡米兰成立，后于 1995 年以法律协会身份进入公共视野。协会成员约 400 人，来自 12 个国家。建会初衷源于 1968 年 12 月 7 日那个夜晚，18 岁的阿提利亚·茱莉亚尼观看了米兰斯卡拉歌剧院该年演出季的首演剧目——正是时年 35 岁的阿巴多指挥的席勒同名剧作、威尔第的歌剧《唐卡洛》。自此这位年轻女士和斯卡拉歌剧院年轻的指挥家结缘，她从阿巴多身上体会到朱塞佩·威尔第的戏剧艺术："这个人对待音乐与众不同……霎时间音乐不再只是华美的咏叹调，而是它的社会教化。对我而言简直是豁然开朗！从那时候我就建立听友俱乐部了。"

这个俱乐部持续了四十多年。克劳迪奥·阿巴多于 2014 年 1 月 20 日逝世后，漫游的"阿巴多人"不得不停止追随的步伐。俱乐部在其主页上公告称，"曾被克劳迪奥·阿巴多无比珍视的倡议和项目，将以他的名义继续下去"。目前，这些项目由驻博洛尼亚的"莫扎特 14"协会照管，协会自称为"阿巴多社会和教育项目的自然延续"，主席正是阿巴多的女儿亚历桑德拉。这些音乐项目由阿巴多生前倡议设立，主要在医院、监狱、学校及少管所开展，且均以大众耳熟能详的歌剧角色命名，如塔米诺（男高音，《魔笛》）、帕帕盖诺（男中音，《魔笛》）、雷波莱罗（《唐乔瓦尼》）。作家罗伯特·萨维亚诺认为，这正体现了阿巴多非常重视音乐所具有的的社会性潜力，"遇见克劳迪奥·阿巴多，就是遇见一种理念。"

第二章

孩提和少年时代

"我是个太过幸运的孩子，
因为我生在音乐之中。"

——克劳迪奥·阿巴多

音乐之家

　　得益于其幸运的艺术天赋，克劳迪奥·阿巴多从小就预示着会有一个富有希望的艺术人生。他的双亲都是音乐家，兄弟姐妹也都继承衣钵，从小生长在这个到处都是音乐的家庭里，在嬉戏中理解音乐"语言"、破解和领悟音乐奥秘自然就简单多了。

　　终其一生，克劳迪奥·阿巴多都保留着那颗赤子之心。1986 年，他出版了一本写给孩子的意大利文音乐书——《充满声音的房子》。保罗·卡多尼为此书插画，阿巴多在简短的插图说明中，回忆了米兰那个从小长大的家、早年与室内乐的结缘、合奏的经历和第一次探访米兰斯卡拉歌剧院的印象。此外，他还极其不经意地向年轻的读者们提起，音乐是门十分严肃的艺术，并且解释了声音和旋律如何产生、弦乐器、管乐器和打击乐器如何握持以及交响乐团和指挥如何分工作业等孩子们感兴趣的问题。同时，他进一步描绘了歌剧和交响乐可以带给听众什么享受。他认为尤为重要的是，所有音乐都应该与生活紧密相连，保持"真实"。"如果读

克劳迪奥（前左）与母亲（前排中）及兄弟姐妹（马塞洛，后左；露西安娜，后右；加布里尔，前右）

者们未来有意于从事音乐或欣赏音乐，我想给他们一个建议：时时刻刻都要把音乐与你眼前的现实紧密关联起来，因为任何一种音乐都是你所处时代的回声和写照。"

克劳迪奥·阿巴多毕生的音乐实践印证了用罗伯特·舒曼在其著作《音乐之家和生活规则》中的一句名言，那就是"学无止境"。他于 1933 年 6 月 26 日生于米兰的一个中产家庭，在四个孩子中排行第三，家中浓厚的音乐、艺术和科学氛围对孩子们的一生影响至深。大八岁的长兄马塞洛成为钢琴家，后任米兰朱塞佩·威尔第音乐学院院长；姐姐露西安娜会拉小提琴，在米兰里科尔迪音乐出版社工作，并创办了米兰音乐节；弟弟加布里尔则是位建筑家。

克劳迪奥与姐姐露西安娜

阿巴多之父、米凯朗琪罗·阿巴多于 1900 年生于皮埃蒙特省小城阿尔巴，是位小提琴家。他任教于米兰音乐学院，后来组建了一个室内乐团，而参与乐团演奏曾是儿时阿巴多的梦想。孩提时的一天，他偷偷躲在门后，透过门缝聆听观察父亲演奏了一曲约翰·塞巴斯蒂安·巴赫的小提琴独奏乐曲"恰空"，留下了深刻的印象："这种语言肯定很难，但极其美妙。我静静地听了好长时间，小心翼翼地别让自己被发现，因为我害怕打破这种魔法秘境。"

父亲米凯朗琪罗是阿巴多的小提琴启蒙老师，让他接受了十分严格的训练。而钢琴交错的黑白键盘也深深吸引了少年阿巴多。出身西里西亚的母亲玛利亚·卡梅拉·萨瓦诺内于 1899 年生于巴勒莫，曾跟随法国修女学习，成为了一名钢琴家和钢琴教育家。她热爱文学创作，也是儿子钢琴学习的引路人。她热衷于给孩子们讲童话，而且很会自编故事，写过不少儿童故事并结集出版。"妈妈讲的那些关于她的故乡西西里和遥远波斯的故事让我深深着迷，另一个神奇的话题是音乐。我常常央求她，告诉我爸爸从事的那些音乐的所有奥秘，而她就为我勾勒出一个宛如童话般的醉人的音乐世界。"

阿巴多的音乐之家坐落在米兰福佳沙路，小阿巴多的艺术天赋和音乐家个性在这里得以滋养生长：直率的个性和精神世界的志趣让他的艺术家生涯得以一直无拘无束，并能进行自由且深入的思考，这份自由和深入大概比一般意义上那些天才音乐家们更深刻、更突出。读书成为这个照片上看起来文文弱弱、总爱陷入沉思幻想、差不多算得上柔弱的小阿巴多的灵丹妙药。这时他听到了家中的留声机中传出的巴赫、莫扎特、贝多芬、勃拉姆斯、罗西尼、威尔第的美妙乐曲——那是源自一张张转起来沙沙作响的黑胶唱片。直到几十年后，克劳迪奥·阿巴多还记得对他而言最重要的三张唱片："一张是歌唱家夏里亚宾演唱的歌剧《鲍里斯·戈杜诺夫》，一张是耶胡迪·梅纽因演奏的莫特扎小提琴协奏曲，还有一张是威廉·门格尔贝格指挥的贝多芬的《科里奥兰序曲》。孩提时我就听了上百遍，真是百听不厌。"穆索尔斯基的这部《鲍里斯·戈杜诺夫》在阿巴多之后的歌剧世界中始终占据核心地位。

这个米兰音乐之家的一位朋友——来自贝加莫的贾南德雷亚·加瓦泽尼——是位饱学聪慧的指挥家、作曲家，定期在斯卡拉歌剧院演出，同时也是阿巴多之家弦乐合奏的钢琴手。他曾回忆起阿巴多之家的好客之道："这一家人在拉琴时是我见过的最有秩序、最有组织的。但这种秩序不是靠苦磨硬练出来的，不用事先拉弓也不用摆姿势，全凭一种本能的律动，感觉又欢喜又快活。" 加瓦泽尼着重描述了女主人，阿巴多的母亲，"她是我们那个时代最受欢迎的沙龙女主人，倘若早生二百年，那准是另一位安娜·玛德莲娜·巴赫了。"

克劳迪奥·阿巴多七岁时，在家人的带领下第一次造访了家乡的歌剧院，世界闻名的米兰斯拉卡歌剧院。那天正举办一场由安东尼奥·瓜尔涅里斯指挥的交响乐音乐会，在这场音乐会中小阿巴多听到了克劳德·德彪西的三乐章管弦乐《夜曲》，其中闪亮的器乐色彩和优雅的舞蹈韵律带给他耳目一新的感官体验："音乐特别打动我……伴着悠扬的鼓声由远而近，声势渐强，仿佛施了魔法一样……在斯卡拉歌剧院的那个夜晚对我而言意义非凡。我完全被那个想法迷住了，那就是有朝一日我也能与这么多音乐家同台合作，而指挥正是整场演出的操控者，仿佛像操纵提线木偶一般。"那时候他就在日记中暗下决心："有一天我也要当指挥家。"

八岁时，在父母陪同下阿巴多观看了人生中第一部歌剧——朱塞佩·威尔第的《阿依达》。阿巴多之后在与柏林作家弗特约弗·哈格尔（阿巴多传记《倾听寂静》的作者之一）交谈时，描述了他"演出结束后独自一人站在街上，父母问我为什么不愿跟他们一起走，因为我被这部歌剧深深震撼了，这种感觉无法向他人描绘。"

之后从父母那里接受到的持续的音乐熏陶和教育比歌剧院之旅更深刻且富有成效。家庭音乐会训练了他的听觉，使他的注意力由声音外在转向音乐内涵，由声响的奇妙世界、所有乐音和乐音运动的衍生这些外在感官体验，转向室内乐这一严谨的音乐形式。学习音乐的便捷和从中获取的极大快感激励着这个年轻人献身音乐和演奏事业，特别是室内乐。

在小圈子里参与不同形式的室内乐演奏让人学会了倾听，这是一种直接又很个人化的接触音乐的方式。当察觉出声音背后的"语法"，辨认出相互穿插的音乐主题和旋律，其中的节奏和律动确实清晰"可读"，那种满足感无可比拟。克劳迪奥·阿巴多充分体会到与父母和兄弟姐妹们合奏的快乐。有一次他们甚至"异想天开"，在自家演出约翰·塞巴斯蒂安·巴赫的《马太受难曲》："演奏这部清唱剧除了指挥外，一般还得有一个交响乐团，一个合唱团和数名独唱演员。而我们只有六个人，但也没打退堂鼓，每个人都身兼多职，又弹又唱。你们可以设想一下那份经历（也想想邻居那份惊喜！）。"

家庭室内乐营造的融洽氛围塑造了克劳迪奥·阿巴多的音乐观。在演奏海顿、莫扎特、贝多芬、舒伯特、舒曼及勃拉姆斯的奏鸣曲、三重奏、四重奏和五重奏中，在参与家庭音乐会和父亲与朋友和同事演奏的音乐会中，小阿巴多"学会了"理解乐器乐音和共鸣所发出的叮叮当当的"争论"。少年时在米兰与歌剧的亲密接触，咏叹调、二重唱、合唱等歌剧形式，对他后来音乐发展带来了重要影响。光是这种持续的弦乐视听学习，尤其是对德奥音乐流派的学习，就让小阿巴多领会到很多，譬如音乐是如何"运行"和呼吸的，音调结构、乐曲模式以及和谐张力是如何形成、发展的。

当小阿巴多通过不懈的练习，终于能弹奏钢琴为父亲演奏小提琴曲伴奏时，父亲提出了更高的要求，要他专注演奏精准、积极倾听、对音乐主动思考这些音乐的"外在面"。后来，当阿巴多回忆起父亲对他弹钢琴那近乎"无情的苛责"时，还想起了父亲对于倾听音乐、聆听彼此、更深刻地把握音乐的指点："他提点我的关键在于，当大家一起合奏时，聆听比单纯演奏要重要得多。合奏就像一段对话，不仅要全神贯注地听，还要彼此理解，尽量抓住那些言外之意，抓住对方的感觉和想法。生活也像音乐一样，必须要具备聆听别人的能力，以便能理解他人，跟得上别人的思路。"

阿巴多一家在米兰的生活并不总是日日被管弦乐、被艺术家们所包围，他们难以逃脱那个万恶的政治年代。小阿巴多偶尔听到的大人间的谈话中，已经深深透露出恐惧。法西斯时期的意大利在贝尼托·墨索里尼的"领袖"铁幕下呻吟，与希特勒统治下的德国命运息息相关。社会日常充斥着反犹主义和强权的血腥滥用，战争威胁迫在眉睫。音乐大师阿尔图罗·托斯卡尼尼早已与纳粹意大利分道扬镳，导致他在 1933 年纳粹德国刚上台时，就逃离了拜罗伊特"理查德·瓦格纳音乐节"。1939 年 9 月二战刚刚爆发时，年仅六岁的阿巴多还不懂这场战争的起源和内在关联，但随着年岁渐长，他将也能感受和观察到事态发展。小阿巴多将目睹涌入米兰街头的军队，看到游击队的还击，也将亲身经历母亲帮助游击队员和犹太人流亡的行动。

　　阿巴多回忆这段岁月时，提到了当年一个没有意义却危险十足的举动：10 岁的阿巴多在被占领的米兰市内的家外墙上写了两个词"巴托克万岁！"那时他正学习弹奏贝拉·巴托克的钢琴组曲，"那段时间我深深地为巴托克的音乐而疯狂"。这一举动引来了德国盖世太保的调查和盘问。他们审问，"巴托克"这个名字是哪个游击队员的代号？这个人有多危险？克劳迪奥·阿巴多坚持"反纳粹"态度，在战后意大利保持知识分子和艺术家的标志，这种意识在那时就已经觉醒并贯彻终生。

读书塑造神秘感

　　阿巴多一生都十分尊敬母亲，并从她那里继承了对书籍和阅读的痴迷。阿巴多说，"她是个爱读书的人"，读书就像吃书一样。谈到母亲，她的音容宛在眼前："她给我念书时又温暖又有人情味儿。尤其是她唱那些老西西里歌谣，真甜……"母亲从外祖父那儿听来了关于西西里和波斯的许多传说故事。阿巴多的外祖父伽利尔摩·萨瓦诺内出身西西里，曾在莱比锡学习，后在帕尔默任教会法规学教授，是一位考古学权威，精通纸莎草纸学和多门古代语言。

　　在克劳迪奥·阿巴多印象中，外祖父是个"了不起的大人物"，是他求知和为人的榜样。直到暮年，提起外祖父时阿巴多仍是一片赞誉："他花了整整五年的时间学习一种古代语言阿拉姆语（古代闪族人的语言），他还翻译了阿拉姆语的福音书，其中谈到了耶稣的兄弟姐妹。这可把梵蒂冈给惹恼了，把我外祖父逐出了教廷。但他对此十分自豪。我记得一起散步时他对我说：只要是对的，就该干下去。这教导从小就激励我，人什么都能做到。"克劳迪奥和哥哥马塞洛、姐姐露西安娜被允许在假期到外祖父家去做客，

外祖父伽利尔摩·萨瓦诺内，科学家、徒步旅行家

在那儿他们沉浸在书籍和知识王国中。阿巴多记得曾跟随外祖父去爬山，"长长的路途中，他很少讲话。但突然也会说一句'有舍才有得'。宽宏大度能让人净化人格，提升艺术修为和内在涵养。我也一直努力朝着这个方向生活。"

彼得·汉德克在 2017 年秋将部分日记捐赠给位于马尔巴赫的

文学档案馆时曾表示，阅读的核心就是神秘性。一言以蔽之："阅读塑造神秘感。"克劳迪奥·阿巴多数年都在思考阅读的激情和他阅读世界文学的经历体会，并将想法付诸文字。1996 年，在担任柏林爱乐乐团艺术总监多年后，他创作并出版了《读者的热情》一书。书中，他有意识地提及了阅读和文学倾向的理性与感性、个人性与社会性："每个热爱文学的人都是在另辟新径，而且经常长路漫漫。我认为，每个人的人生其实大同小异，也就是说，阅读与个人的遭遇和境况息息相关。"阿巴多成功地将文学体验融入了艺术思考和活动，而他的世界观也借助在文学世界中拓展的"阅读漫游"得以不断丰富。

"在我的记忆中，曾有许多与作者、不同的文学种类和文化流派邂逅的时光。文学在我人格发展和艺术成长中扮演了非常重要的角色，就好像一种认知能力，一双关键时刻的援手。"阿巴多说，他总是手不释卷，"抓住学习和运动的每一刻空闲阅读"。

在母亲从小给他灌输的儿童文学之后，少年阿巴多开始着迷于被誉为意大利的"卡尔·迈"的埃米利奥·萨尔加里的探险小说。阿巴多说，他阅读的首批文学作品主要是俄罗斯经典文学，日日沉浸在索罗金、陀思妥耶夫斯基和契诃夫的著作里。他格外欣赏果戈理精妙的反讽精神。之后他还阅读了里尔克、鲍里斯·帕斯捷尔纳克和玛琳娜·茨维塔耶娃的书信集，并"怀着极大的热情"阅读了米哈伊尔·布尔加科夫的《大师与玛格丽特》。几乎是在同一时候，少年阿巴多开始涉足法国文学，他研读巴尔扎克、福楼拜和莫泊桑的作品，也探究波德莱尔和阿波利奈尔的现代派诗歌。而马塞尔·普鲁斯特的巨著则是他很多年后才能深入了解的。对他而言，最重要的发现莫过于亚历山大·曼佐尼那部著名的《约婚夫妇》。正是他的教父、勃拉姆斯密友约瑟夫·约阿希姆的学生、小提琴家恩里克·波罗带他认识了曼佐尼这位振奋人心的时代巨匠。

"我很幸运，遇见的人和事，在文学中都能再现。"阿巴多因此特别感谢来自西西里的母亲，在自家的图书馆里把以西西里为家的诗人路易·皮兰德娄和社会现实主义作家乔万尼·维尔加的作品摆在特别重要的位置，让他很早就有了途径，日后能够感受到朱塞佩·托马齐·迪·兰佩杜萨的《豹》中的西西里文化。

如同同一世代的其他知识分子，阿巴多这位年轻的音乐学生在战后立即发现了切萨雷·帕韦泽，一位凭借叙述性日记《生活工具书》奠定反法西斯主义和存在主义这两大意大利战后文学基调的作家。而通过阅读帕维斯，一位曾写过关于美国诗人沃尔特·惠特曼的博士论文、并出版过关于美国文学的著作的作家，阿巴多得以一览安德森、福克纳和海明威等美国当代作家。出于好奇，他还尝试去读了先锋主义文学高峰——詹姆斯·乔伊斯的《尤利西斯》、《芬尼根的守灵夜》和《德达鲁斯自传》。但明显伊塔洛·卡尔维诺那描述神秘梦幻世界的小说更易读，这类书——譬如来自的里雅斯特的厌世派幽默作家伊塔洛·斯韦沃的怀疑现代主义小说深深地吸引了他。之后年轻的阿巴多开始阅读米格尔·德·塞万提斯的讽刺巨著《堂吉诃德》以及巴勃罗·聂鲁达的诗。即使是萨尔曼·卢亚迪或塔哈尔·本·杰隆这些远在异域的作家，之后也进入到他的视线。

20世纪50年代中期，在维也纳音乐学院求学的阿巴多近距离感受到了维也纳学派那种略显古怪的矛盾性。他在艾利亚斯·卡内蒂的自传《眼睛游戏》中体会到维也纳人身上存在的这种天性。而罗伯特·穆齐尔的探险小说《没有个性的人》则将他的视野引到大洋洲的卡卡尼亚国。回顾他的阅读生涯时，阿巴多提到，年轻时他曾对奥地利作家彼得·汉德克的作品"抱以极大关注"。吸引他的首先是书中对"无与伦比"的田园风光的描绘，此外汉德克《无欲的悲歌》中关于母亲逝世的片段也深深打动了他。

阿巴多的读者经历还与音乐息息相关。许多音乐家的作品都帮助他加深与音乐的联系。欣赏布鲁诺·马德纳的歌剧《许佩里翁》，特别是路易吉·诺诺的《普罗米修斯》（又称"听觉悲剧"）会让人油然而生一种冲动，要更好地去理解荷尔德林的作品。类似的情况还存在于阅读克莱斯特、歌德、卡夫卡和托马斯·曼的作品中。阅读席勒的戏剧也有助于阿巴多更好地把握威尔第的历史歌剧《唐卡洛》中的悲剧尺度。

比少年时代更全面细致地阅读俄罗斯文学，也是出自阿巴多更好地理解穆索尔斯基《鲍里斯·戈杜诺夫》中历史深度的想法。在柏林时他勉力钻研格奥尔格·毕希纳的作品——尤其是《沃采克》片段，也是为了正确地演绎阿尔班·贝尔格的同名歌剧总谱。他研究诗人和歌剧脚本作者胡戈·冯·霍夫曼斯塔尔，是为了分析作曲家理查·施特劳斯的歌剧。而研究象征主义作家莫里斯·梅特林克的语言和诗歌艺术，则是为了更好地吸收和了解克劳德·德彪西的抒情心理剧《佩利亚斯与梅丽桑德》。

还在实科中学读书时，阿巴多就觉察到文学的语言风格中蕴含着突出的音乐性、韵律和音调，课堂指定的但丁·阿利吉耶里、弗朗西斯科·彼特拉克和贾科莫·莱奥帕尔迪等意大利经典作家的作品都体现了这一点，阿巴多之后阅读的法国作家玛格丽特·尤瑟纳尔和葡萄牙作家荷西·萨拉马戈的作品同样具备这个特点。而在波希米亚-美国钢琴家鲁道夫·塞尔金的建议下，阿巴多在约翰内斯·乌茨迪尔的《消失的爱人》、约瑟夫·罗特的《拉德茨基进行曲》和《圣洁酒徒的传奇》中了解到布拉格这座城市的文学精神。说起塞尔金，阿巴多曾与他在芝加哥进行过一场颇具意义的深夜长谈，之后还在伦敦合作录制莫扎特钢琴协奏曲。

在饱览群书的同时，阿巴多仍渴望涉猎更多的作者的著作和文学流派。而且一直强调，自己绝不是文学专家，他能当个"略知一二的读者"就十分满足了。他所保有的,不过是好奇心而已。每每随着阅读涌现出"更多的新想法和新梦想"总能让他开心不已。事实上,无尽的好奇心引发的新想法和新梦想也推动阿巴多在音乐之路上日益前行,不断研究上演舒伯特的歌剧《费拉布拉斯》、穆索尔斯基的《霍万兴纳》以及当代作曲家如路易吉·诺诺、乔治·里盖蒂、卡尔海因茨·施托克豪森、库塔格·捷尔吉及沃尔夫冈·里姆等人的作品。

在阅读时,阿巴多还对文化与政治进行了深入思考。他希望,"文化宝藏应该对所有人开放"。他认为,"凡是深耕文化的国度,也是繁荣昌盛的国度;凡是人文、经济和自然资源深植于文化发展的民族,也必然是能够创造财富的民族",无一例外。作为佐证,阿巴多以意大利艾米利亚-罗马涅大区为例,那里就是文学艺术繁荣之地。他总结道:"不是财富带来了文化,而恰恰相反,是文化带来了财富,同时也会创造财富。"

在阿巴多早期的文化体验中,电影艺术、特别是20世纪四五十年代饱受争议的新现实主义也占据重要一席。他在影院观赏了路奇诺·维斯康蒂的《沉沦》和《大地在波动》、维托里奥·德·西卡的《米兰的奇迹》和《偷自行车的人》以及罗伯特·罗西里尼的《罗马,不设防的城市》。在一战后和二战中那段时光里,阿巴多这位正在长大的米兰音乐人对在这些电影中展现出的贴近真实、社会性和道德矛盾深有触动，对那些在"小人物"环境中贡献了感人表演的专业和业余演员印象深刻。安娜·麦兰妮、肖瓦娜·曼加诺、维托里奥·加斯曼、爱德华多·德·菲利波及托托等演员的电影都是他必到影院观看的。

除了学习音乐理论并时常在家中与音乐好友搞搞联欢，以及在学校的学习，阿巴多每日的主要精力都投入在钢琴练习上。此外他还去上私人的作曲课，并从15岁起在米兰的教堂担任弥撒的管风琴伴奏。他的发展日益明显地体现出向内而非向外的趋向：阿巴多很早就开始学习演奏和视听练耳，这都是所谓"内部"的活动。他性情安静又爱好幻想，心中自有秘境又惯于沉默，这点在他周边环境中肯定显得很突出。沉默寡言的特性并没有随着长大而消失，反而成了成年后指挥家阿巴多"内向型"的标志。还在孩童时，阿巴多便已能在哄闹的人群中——这对意大利人是司空见惯的——埋头于安静的书籍世界，以此逃脱终日无休止的饶舌调唇。

第三章

在米兰和维也纳的求学岁月

（1949—1958）

"在艺术中，我们所面对的不只是一个愉快
或有用的游戏，而是真理的展现。"

——格奥尔格·威廉·弗里德里希·黑格尔

二战结束后，年仅 15 岁、还在念高中的阿巴多就开始了在米兰朱塞佩·威尔第音乐学院钢琴系的学习，跟随新古典主义大师亨德米特的门徒、著名作曲家布鲁诺·贝蒂奈里学习和声学、对位法和作曲，同学中还有毛里奇奥·波利尼和里卡尔多·穆蒂。托斯卡尼尼派传人、曾在米兰斯卡拉歌剧院担任指挥的安东尼诺·沃托也曾受教于贝蒂奈里。阿巴多为乐团干劲十足地创作了许多他后来断言"根本不会上演"的乐曲。回顾这段求学时光，阿巴多说："我那时可是个好学生，特别勤奋。"

经教父同时也是其父的老师、勃拉姆斯密友约瑟夫·约阿希姆的学生、著名小提琴家恩里克·波罗介绍，阿巴多结识了阿尔图罗·托斯卡尼尼。托斯卡尼尼受波罗之邀出席了一场阿巴多家庭音乐会，时年 18 岁的阿巴多在其父弦乐伴奏下独奏了一曲巴赫的 d 小调钢琴协奏曲，获得了大师的一番称赞。托斯卡尼尼肯定了这位后起之秀："你会大获成功的"。

而艺术圈认为，阿巴多其实受托斯卡尼尼的死敌——德国指挥家威廉·富特文格勒的影响更深。富特文格勒曾于 1950 年在米兰斯卡拉歌剧院指挥了理查德·瓦格纳的歌剧《尼伯龙根的指环》。

阿巴多后来回忆道："虽然当时我还小，但我立刻就意识到，这个人明白他要什么。托斯卡尼尼和富特文格勒的区别是极其清晰的。后者无须争辩、无须执拗、无须废话就能达到他想要的音乐效果。"托斯卡尼尼对乐队力度和精准的不满及对演奏人员的暴躁情绪都让阿巴多极其反感。富特文格勒则正与此相反，他对演绎交响 - 戏剧化的声音戏剧和运动肢体戏剧及对探寻音乐本质的全心投入，都让阿巴多记忆犹新。

在文学史中畅游：萨瓦尔多·夸西莫多

"生活不是梦。人类和其嫉妒的沉默姿态确实为真。"这位神秘的诗人、作家夸西莫多，如阿巴多的西西里外祖父一般带给当时还是音乐学生的他不可磨灭的影响：在与他的个人接触中，阿巴多与诗艺的联系又多了层额外的意义。阿巴多选修了夸西莫多在朱塞佩·威尔第音乐学院开设的意大利诗歌和文学史导读。他后来还常常回忆起与这位伟大诗人那些"可爱的座谈"，回忆起那些"机敏的分析，真是堪称这门课的宝贵财富"。萨瓦尔多·夸西莫多于 1959 年获得诺贝尔文学奖，享有世界声誉。

那些年，阿巴多沉浸在夸西莫多的诗意世界里，在《消逝的笛音》、《桉树和其他诗句的味道》等诗集中感受诗人被文学评论称之为"赫尔墨斯主义"、充满象征性和阴暗的遣词造句。他把夸西莫多诗中的隐喻和音色隐藏的"沉默"视为神秘的思想谜题，而且总是乐此不疲地试图破解。而这样一位诗人肯定也会对这个奉行沉默是金的学生产生影响，他在课堂上对但丁·阿利吉耶里、乔万尼·薄伽丘、弗兰齐斯科·彼特拉克、贾科莫·莱奥帕迪等大师的文字艺术进行了细致讲解。年轻的阿巴多甚至还借由夸西莫多的翻译解开了古希腊诗作——譬如女诗人萨福的作品———些片断的迷思

萨瓦尔多·夸西莫多生于 1901 年，起初是一位土地测量员，后来才慢慢在意大利文学界崭露头角，赢得声誉。但令人讶异的是，他在米兰音乐学院所开的课程，虽然对文学素养的提升有莫大裨益，但听课的只有两个学生——其中之一就是克劳迪奥·阿巴多。夸西莫多在法西斯意大利统治时期及二战中对共产党和游击队的同情和支持，无疑让阿巴多好感备增。

锡耶纳研修班：祖宾·梅塔和丹尼尔·巴伦博伊姆

20 岁时，克劳迪奥·阿巴多从米兰音乐学院钢琴系毕业，两年后从作曲系毕业。作为钢琴手和指挥，他与其父于 1941 年创立的一个擅长巴洛克音乐的室内管弦乐团一起进行了一次短时间的巡回演出。他的音乐之路进展缓慢，连他自己也不知道，将来是应该主攻作曲、指挥还是钢琴演奏。数十年后，当他回忆起当年如何做出专攻指挥的决定时说："作曲需要时间，对我来说一天起码要花费十个小时；我当然不算个差劲的钢琴手，但远远追不上丹尼尔·巴伦博伊姆，他不费吹灰之力就弹得非常棒，而我一天至少要练习七个小时。那时候我就明白了，需要只专注一件事，只通过一条路发声。于是我马上就做了决定，一点都没拖延！"

因此他于 1956 年去托斯卡纳的锡耶纳参加了一个专为指挥家新秀开设的夏季研修班。课程由齐基雅纳音乐学院开办，由著名钢琴家和指挥家卡洛·泽基授课。阿巴多在那儿碰到了于他终生意义重大的两位青年音乐家，小他三岁、来自孟买的印度人祖宾·梅塔和时年 13 岁、生于阿根廷的以色列裔"神童"丹尼尔·巴伦博伊姆。阿巴多后来回忆道："我们是真正的同志，还一起尝试了各种蠢得要命的乐子。"是时正在维也纳学习的祖宾·梅塔给阿巴多介绍了他学习的、由指挥家汉斯·施瓦洛夫斯基授课的大师班课程，并鼓励阿巴多也前往求学。阿巴多也意识到，他在米兰的学习如要再上一层楼，势必要在音乐分析、指挥艺术和表达能力方面深入完善。因此他遵从本心远赴维也纳，并成功申请到一笔不多的奖学金。在 1956 年动身赴维也纳之前，他与一个在音乐学院时结识的、声乐系毕业的米兰姑娘乔瓦娜·卡瓦佐内结婚了。小两口共同踏上了去往奥地利首都的旅途。

第一段恋情

阿巴多的第一任妻子乔瓦娜·卡瓦佐内，暮年时仍愉悦地回忆起当年那个 23 岁的米兰音乐家后生，刚刚结束了大学学业正准备赴维也纳深造， 她之前从未见过"如此不甘寂寞又特别的人"。乔瓦娜·卡瓦佐内一直记得一个关于阿巴多冲动和理性思考的小插曲。他们有一次约好在米兰大教堂见面，阿巴多对这座雄伟的宗教建筑毫无敬畏，反而研究起它的现代用途来："这儿足够八个网球场了。"乔瓦娜·卡瓦佐内感慨道："这就是他，总想着计划点什么，制定点什么。"乔瓦娜时年 25 岁，还想享受单身，正要去苏黎世旅行。克劳迪奥一路跟随，并向她讲述了他的计划："咱们结婚吧！给你一个晚上的时间考虑。"突袭计划奏效了，乔瓦娜嫁给了克劳迪奥并随他去了维也纳。两年后他们回到意大利，在米兰艺术和音乐舞台供职，并在 1958 年和 1960 年迎来两个孩子——丹尼尔和亚历桑德拉的诞生。1963 年，"克劳迪奥征服了纽约"，阿巴多在第一届米特罗普洛斯国际指挥比赛中荣获第一名，也获得了跟随列奥纳德·伯恩斯坦学习的机会。"那时起我们的生活彻底改变了"。他们于 1968 年结束了这段婚姻。阿巴多的第二任妻子加布里埃拉·坎塔卢比于 1974 年为其生下第三个孩子塞巴斯蒂亚诺。

离婚后，乔瓦娜·卡瓦佐内决定从事社会工作。她创建了提供免费临终关怀的米兰 VIDAS 机构。据她说，克劳迪奥·阿巴多给予她工作有力的支持，经常为其举办义演音乐会。乔瓦娜·卡瓦佐内于阿巴多逝世两后年的 2016 年在米兰去世。

维也纳：汉斯·施瓦洛夫斯基老师

维也纳！23 岁的音乐生阿巴多从米兰来到了这个昔日人口众多的哈布斯堡王朝、而今只是个小国奥地利的首都城市。维也纳是当之无愧的"音乐之都"，无数音乐家和演员聚集于此，除此之外还有国家歌剧院、维也纳爱乐乐团及金色大厅等音乐机构和场所。这座音乐之都意欲在当代仍延续过去封建巴洛克 - 古典主义时代的荣光。相比米兰，维也纳是个宏大的建筑大都会：市中心有城堡，分布着许多大型博物馆，繁荣时期在"内城"四周修建的环形路，还有以美泉宫为代表的一系列奢靡的宫殿。维也纳的声光乐色让这个初来乍到的音乐生十分着迷。

但克劳迪奥·阿巴多无法忽视的一点是，二战的影响在 50 年代中期的维也纳随处可见。苏联占领军驻扎此地直至 1955 年奥地利签署了国家条约。同年 11 月初，卡尔·伯姆指挥演出了贝多芬的歌剧《费德里奥》，以庆祝二战中被摧毁的国家歌剧院复业。整个奥地利的文化生活中洋溢着不可思议的音乐爱国心，正如卡尔·伯姆在复业开幕式上所说的那样："我们的祖国，是古典音乐的天选故乡。"

身为学生的克劳迪奥·阿巴多一定注意到了，在这座历史又现代的维也纳城，当代音乐还难登主流殿堂。当时的主流还是开创了第一维也纳乐派的古典 - 浪漫音乐大师，譬如海顿、莫扎特、贝多芬、舒伯特和后来的勃拉姆斯、布鲁克纳等曾居于此又终以此为故乡的作曲家，以及现代古典音乐的巴托克、亨德米特和斯特拉文斯基等人的作品。而古斯塔夫·马勒虽在 1907 年前在此居住了数十年，一直担任指挥和皇家歌剧院院长，并被视为"代表未来发展方向"的作曲家，但在战后的维也纳仍被视作外人。而第二维也纳乐派的代表人物——阿诺尔德·勋伯格及其学生阿尔班·贝尔格和安东·韦伯恩，他们虽自 1910 年以来一直长居维也纳，但在该市的音乐生活中还没有占据一席之地，必得在他处博得日后的盛名。

但阿巴多也宽慰地发现，那些表现前卫的现代派的拥趸们，反而越发顽强地跻身维也纳的音乐圈、宣传圈和出版圈，其中一位翘楚就是指挥家兼维也纳音乐学院教授汉斯·施瓦洛夫斯基。与祖宾·梅塔一起在音乐学院交响乐系施瓦洛夫斯基的大师班学习的克劳迪奥·阿巴多目睹了现代派音乐如何借助历史映射和移情作用，如宗教祭礼般挤入了主流音乐圈。

汉斯·施瓦洛夫斯基的音乐和文化造诣、富有启蒙的授课为阿巴多指明了方向。这位 1899 年出生于布达佩斯的教授，音乐经历中充满了良师益友，他曾在维也纳跟随阿诺尔德·勋伯格和阿尔班·贝尔格学习音乐理论，并师从费卢西奥·布索尼学习钢琴。早年间他是西格蒙德·弗洛伊德的信徒，自 20 世纪 30 年代起与作曲家理查·施特劳斯、指挥家克莱门斯·克劳斯，之后与赫伯特·冯·卡拉扬建立密切合作。他广博的文化视野、音乐世界观和音乐作品、他对音乐理论的导读都让来自米兰和孟买的这两位学生印象深刻，大受鼓舞。

施瓦洛夫斯基严于律己，对授课和学生演绎音乐作品的要求也很严。他对"正确"演奏的理念和指导就像是上一堂音乐"伦理"课，即演奏者的任务就是完全为音乐作品服务。受后浪漫派的新客观主义影响，施瓦洛夫斯基的许多主导思想逐渐成形，如要求演奏家不差毫厘地演奏作品等。其核心目标就是"保持原状"，而这也是 1979 年出版的施瓦洛夫斯基著述集的同名标题。

指挥家、教育家及音乐学者汉斯·施瓦洛夫斯基对他传播和诠释音乐的能力及诠释艺术进行过全面、严苛的思考。而他的学生们则从中学到了他对艺术的高标准、严要求："艺术需要丰富的学识、与历史风格特点相关的常识以及在知识中准确发现潜在精妙之处的品味，而且必须思于行前，要有能融会贯通各种行动方案的本事。"

施瓦洛夫斯基老师不仅严于律己，对学生们的教育、学识、音乐分析和综合能力方面的要求也相当严格。克劳迪奥·阿巴多在维也纳碰到的是一位挖掘了他的潜力、将他引上大师之路的教育家。"他是一个秉承了伟大传统的优秀的老师，让我的学业受益匪浅。"多年后阿巴多这样回忆道。

施瓦洛夫斯基向学生们贯彻了他关于乐谱分析和和谐演奏的理念，即应该全神贯注于总谱的"乐谱原文"，探寻作曲家的创作意图。"我们只该臣服于总谱的权威，细细分析写的究竟是什么。维也纳学派在教学计划中占主导，海顿的交响曲是最重要的学习对象，另外还有莫扎特、贝多芬及之后从勋伯格开始的第二维也纳乐派的作品"。而过分个人化观点或抒情的音乐家，要么表达过度要么毫无思想，是不配在其中占有一席之地的。施瓦洛夫斯基要求这些未来的乐团指挥们掌握巧妙分段和乐音离合的技巧，懂得在这有声的建筑中协调比例，甚至要把握音乐作品的时代和风格特点。对他而言，为这部作品独创一个艺术形象是十分必要的。施瓦洛夫斯基的学生之一、指挥家拉尔夫·维克特曾回忆道，课程的系统化不是体现在作品选择上，"而是在分析作品过程中。汉斯·施瓦洛夫斯基能好几个小时不停地一口气评论知名作品的结构和体裁，学生们最后都听入迷了。"

然而遗憾的是，这些全都是纯音乐性的，施瓦洛夫斯基宁可把演奏的声音模型放在次位，对他而言音乐"表达"是种禁忌，最高信条就是"忠于作品"，但今天这个说法已经颇有争议了。那时候，阿尔图罗·托斯卡尼尼而非他的"死对头"、后浪漫派代表威廉·富特文格勒是"忠于作品"或"忠于乐谱"的实践者。据祖宾·梅塔回忆，施瓦洛夫斯基"坚持纪律是自由创作的基础。他传授给我们作曲的基本信息，并一直鼓励我们去研究背后的历史渊源"。施瓦洛夫斯基个人的文化财富对他的学生们而言就像一本对他个人奥妙的导读书，他严苛的规矩和要求也成了学生们永远的动力。

除此之外，他频频的冷嘲热讽也让学生们心生畏惧。在他眼中，那些时下"流行"的指挥典范不过是自我分裂的漫画像，代表了他轻蔑至极的音乐文化商业化："这种明星只会让听众聚焦于他本人，而不是音乐本身。他一上场，大家期待的都是他个人的风采。音乐不再是勃拉姆斯的第 XX 号作品，而尽是某某明星演奏的，某某明星演唱的，某某明星指挥的等等。"

作为经常登上维也纳交响乐团和维也纳国家歌剧院指挥台的人，施瓦洛夫斯基自己从来算不上所谓的"挥舞指挥棒的魔法师"，而他自己对这种称谓也极为厌恶。指挥席上的他与指挥家理查·施特劳斯共性很多，而后者以理智对待全局观、克制的指挥手法、如实表现音乐著称。施瓦洛夫斯基牢记施特劳斯传授给年轻指挥家的"十条人生金律",其中第二条是这么说的:"不应该是站在指挥台上的你大汗淋漓,而应该是听众们热情洋溢。"

自 1946 年直至 1975 年去世,汉斯·施瓦洛夫斯基一直领导着维也纳音乐学院音乐与表演艺术系(后发展为维也纳音乐高等学校)。在他教授过的逾 200 名学生中,除克劳迪奥·阿巴多、祖宾·梅塔外还有马里斯·杨松斯、伊万·费舍尔、亚当·费舍尔、米蒂亚德·柯莱迪斯、迪米特里·基塔申科、朱塞佩·西诺波里、罗萨尔·萨格罗赛克等指挥家。在施瓦洛夫斯基门下,他们除参与预演和音乐会的指挥工作外,还研习作品和风格分析的规律,坚持自我审视,保持艺术家的清贫。施瓦洛夫斯基要求弟子们以"自我克制"为先,忠于总谱、如实地诠释音乐作品。

对克劳迪奥·阿巴多影响至深的,还包括关于 20 世纪前半世纪现代派音乐的学习,尤其是古斯塔夫·马勒的音乐及之后勋伯格学派的发展革新。马勒占据了阿巴多在维也纳时期音乐思考的核心,而阿尔班·贝尔格的音乐作品所展现出的令人震撼的人性特点,开始对他产生特别的吸引力,导致他将在未来满怀热忱地投入贝尔格的《沃采克》的编排,并指挥演出了这部伟大的三幕歌剧及音乐会版本。之后,阿巴多还潜心钻研了安东·韦伯恩激进的诗化艺术和之后以卡尔海因茨·施托克豪森、路易吉·诺诺、格奥尔格·里盖蒂、库塔格·捷尔吉及沃尔夫冈·里姆为代表的战后试验先锋音乐。而为了乐音结构更趋合理，早就将美声唱法艺术烂熟于心的他，还试图列出模仿乐器演奏的"声线"。

乐器的"歌声"——或者说"如歌性"，是意大利音乐的传统，像托斯卡尼尼一样，阿巴多也要求他的乐团要达到这一点。晚阿巴多一代的德国指挥家马克·阿尔布莱希特从他这里惊讶地了解到这个概念。阿尔布莱希特曾有幸以助理指挥身份与阿巴多共事数年，也因此亲身感受到阿巴多对乐谱的理解："再现代、再复杂的总谱，分析时他也始终强调要表现出如歌性。即使是诺诺的作品，在他的处理下也会带一点点威尔第的调调，因为他指挥下的乐队始终应该在歌唱。在我常听的他指挥的曲目中——譬如《沃采克》，他要求乐队演奏的每个细节都经过细致分析。而在最后演出时，他又成了个激情四射的音乐家。他身上理性与感性的联系一直令我震撼颇深。"

在维也纳时，阿巴多注意到奥地利大提琴家、指挥家、早期音乐运动先驱尼古拉斯·哈农库特在他的维也纳音乐协奏团音乐会上对历史知名的"古乐"所做的早期试验性演绎。借助细致的乐音研究，哈农库特还相应地对音乐感知和演奏本身进行了改造。通过这些听觉体验，阿巴多深深体会到，如果摆脱那些直到此时仍被奉为正源的晚期浪漫主义的演绎方式，精简参与的乐队阵容，减少颤音，海顿、莫扎特、贝多芬和舒伯特的作品听上去就会更一目了然，更轻快、明亮、富有韵律，更能呈现出古典乐队"本来"的面目。阿巴多在柏林执导的音乐会和贝多芬交响乐演出及后来在博格纳的莫扎特、舒伯特作品音乐会都证明了这一点。

在维也纳的学习时光还带给克劳迪奥·阿巴多和祖宾·梅塔这对同窗好友一个额外的音乐收获：他俩加入了维也纳爱乐唱诗班。其原因很简单：音乐会排练厅不对外开放，而唱诗班成员的身份则让他们偶尔能在排练时一睹那些伟大的同行前辈们的风采，其中包括布鲁诺·瓦尔特、乔治·赛尔、赫伯特·冯·卡拉扬、约瑟夫·克里普斯、弗里茨·莱纳、卡尔·伯姆、赫尔曼·舍尔欣等当时执导维也纳爱乐乐团或维也纳交响乐团的名家。

这些相遇成为阿巴多和梅塔长久的回忆，尤其是那位拥有极高天赋的指挥家布鲁诺·瓦尔特，他年少时曾在汉堡和维也纳追随大师古斯塔夫·马勒学习工作。这位高尚的音乐家、旧欧洲文化的捍卫者，能驾驭各种指挥风格，二战时辗转慕尼黑、柏林、维也纳从事指挥，于1938年因犹太身份避难美国，此时正以客座身份重归维也纳这个"故里"。他的人格魅力极大地触动了这两个年轻的学生。布鲁诺·瓦尔特在与乐队合作排练时是那么坦诚又热心，他在指挥莫扎特安魂曲、马勒第二和第四交响曲时是那么细腻，对阿巴多和梅塔而言，瓦尔特的演绎就是集理性与情感于一身的音乐演绎范式和标准。

这个来自米兰的学生在维也纳学习之余也对其他形式的现代派艺术颇有研究。他为大型博物馆里奥斯卡·科科什卡和埃贡·席勒的表现主义画作所惊叹。书籍又成了他生活的灵丹妙药，他开始阅读弗朗茨·卡夫卡、奥尔根·罗斯、阿图尔·施尼茨勒等人的著作。施瓦洛夫斯基还向学生们介绍了安东·布鲁克纳和古斯塔夫·马勒的超大型交响乐，以及阿诺尔德·勋伯格、阿尔班·贝尔格和安东·韦伯恩的发展迅猛的表现型音乐。

汉斯·施瓦洛夫斯基教授曾与学生们一起拍过一幅照片。其中，祖宾·梅塔作为施瓦洛夫斯基的助手站在他身后，双手自在地搭在老师肩上。而在老师身后，克劳迪奥·阿巴多表情严肃，目光充满期待，似乎是在展望未来。图片再现了当时在维也纳求学的学子们自由自在的状态，正如祖宾·梅塔在 2014 年 1 月致其好友克劳迪奥·阿巴多的悼词中所说的那样："我们一起去听音乐会，一起买歌剧的站票，一起大嚼，一起畅饮。面对外人，克劳迪奥一辈子都距离感十足，十分内敛，可是在我们中间，他极其放得开，几乎算得上有点随便，又贫嘴，又快活。" 两人一起合作了维也纳毕业音乐会。而作为管弦乐系的毕业作品，阿巴多选择了一部伟大的歌剧——这也是他日后常演常新的剧目：莫捷斯特·穆索尔斯基的国家民族戏剧《鲍里斯·戈杜诺夫》。

克劳迪奥·阿巴多乐于在维也纳体验他未来的艺术生涯，感受

老师和弟子们：汉斯·施瓦洛夫斯基（前排右二）、
祖宾·梅塔（前排中），克劳迪奥·阿巴多克（后排右三）

这座音乐之城的音乐传统和迈向现代化的大胆突破。正如青年读者阿巴多于 1963 年在克劳迪奥·马格利斯关于现代奥地利文学的论著中了解到的那样，维也纳是"哈布斯堡王朝传奇"的中心。同时，在阿诺尔德·勋伯格、阿尔班·贝尔格和安东·韦伯恩的音乐中，也透露出关于这座城市的点点滴滴。之后的岁月里，阿巴多乐于并且经常返回这个"艺术第二故乡"，譬如自 1971 年起，他就定期指挥维也纳爱乐乐团，并成为其首席指挥；1986 年起，他担任维也纳国家歌剧院音乐总监，为期五年。

第四章

第一批奖项和指挥席位

（1958—1968）

学无止境。

——罗伯特·舒曼

结束在维也纳的学业之后，克劳迪奥·阿巴多与祖宾·梅塔这一对同窗的指挥之路发展相去甚远：梅塔很快就确定了在大型乐队从事指挥，而阿巴多的职业发展却是磨磨蹭蹭，一直在路上。1958年，两人共同赴美，参加波士顿坦格伍德夏令营指挥家工作室和库塞维茨基指挥大赛。结果大出他们的意料：阿巴多荣获冠军，梅塔名列第二。梅塔从此在美发展，而阿巴多谢绝了在美的工作机会返回意大利。他充满自我怀疑的克制心理此时占了上风。

就像同为米兰的年轻钢琴家毛里奇奥·波利尼在1960年赢得华沙肖邦国际钢琴大赛后一样，阿巴多决定此时不是借风而上，而是加强自省，保持耐心和自控。和波利尼一样，他也认为还需对音乐和生活本身进行深入的学习，不应该马上就开始指挥的职业生涯，承受公众压力，并与演出商进行无休止的商业竞谈。此外，这时的阿巴多还要在音乐之外兼顾私人生活，料理家庭日常，关怀照料妻子乔瓦娜、年幼的儿子丹尼尔和刚出生的女儿亚历桑德拉。

这个时期，阿巴多偶尔在米兰和省里的一些小乐团的音乐会担任指挥。而在1960年，他有幸得到了在米兰斯卡拉歌剧院首次登台的机会，执棒纪念那不勒斯的巴洛克大师亚历山德罗·斯卡拉蒂 300 周年诞辰的音乐会。的里雅斯特的朱塞佩·威尔第剧院促成了他这次登台，也给他展示自己在歌剧方面的指挥才华和对俄罗斯音乐的偏好提供了首秀机会。自从在维也纳以指挥作曲家莫捷斯特·穆索尔斯基的《鲍里斯·戈杜诺夫》为毕业作品后，阿巴多在的里雅斯特只指挥过一部 20 世纪早期的俄罗斯歌剧，即作曲家谢尔盖·普罗科菲耶夫那部不寻常的荒诞童话歌剧《对三个橘子的爱情》。在的里雅斯特时，他还指挥了他在米兰音乐学院的作曲老师、作曲家乔治·费德里科·盖迪尼新歌剧《玛丽亚·德莱森德里亚》的首演。

帕尔玛的室内乐讲师

在阿巴多的职业生涯中，执教弦乐系是非同寻常的一步，对他艺术人格和音乐缘起的塑造十分重要。那时候，还没有哪个已在大赛中获奖的年轻指挥家敢在一开始就走这么一条晋升之路。帕尔玛的阿里戈·博伊托音乐学院于 1960 年新设了室内乐系，并邀请阿巴多担任讲师。阿巴多自孩童时参与室内乐演奏的热情又被点燃了，正好在这里得到新的发展。据他之后表示，他在这里教学，"主要是为了能够学习"。而甘为学子也表示他并没陷入对功成名就的热望中："我可以默默料想下步该怎么做。那段时间我与许多不同的乐团都合作过，积攒了经验，也作为钢琴家演出过。"

在帕尔玛时，阿巴多萌发了植根社会的音乐愿景：与音乐后辈共事，提携年轻的音乐家，那将多有幸福感呀。他之后组建了共事良久的古斯塔夫·马勒青年交响乐团，其热忱可以追溯到在帕尔玛音乐学院执教的这段时光。

在帕尔玛执教的这段时间（1960—1963）对阿巴多的一生意义非凡，他在提升音乐修为的同时也充分享受到了归家的乐趣。艾米利亚-罗马涅大区及帕尔玛位于意大利北部，周边就是朱塞佩·威尔第生于斯长于斯的故乡，也是阿尔图罗·托斯卡尼尼诞生的地方，对阿巴多而言，住在那儿的时光真是值得珍视终生。此时，父亲和哥哥马塞洛也在帕尔玛任教。在以后的岁月中，阿巴多又多次回到意大利北部。

进军新世界：列奥纳德·伯恩斯坦在纽约

　　虽然在米兰和维也纳的学业优异，又在坦格伍德库塞维茨基指挥大赛中荣获冠军，还拥有在的里雅斯特指挥歌剧的丰富经验，但阿巴多的指挥之路并不顺畅。好友祖宾·梅塔曾邀请他与自己新任音乐总监的加拿大蒙特利尔交响乐团合作柴科夫斯基第五交响曲，但这次大受欢迎的演出既没给他带来持久的声誉，也没带来一个好的职业前景。米兰斯卡拉歌剧院那场亚历山德罗·斯卡拉蒂周年纪念音乐会的成功已成过往，与小型乐团的合作虽能积累经验，到底影响有限。因此这位已近三十"高龄"的指挥家只得冒险于 1963 年前往纽约，与六十余位同行角逐米特罗普洛斯国际指挥比赛桂冠。决赛中，阿巴多凭借指挥勃拉姆斯和斯特拉文斯基的交响乐作品一举夺魁。

　　奖励看起来颇有意义，简直称得上是无价之宝：冠军可以助理指挥身份跟随那位极富魅力的作曲家、同时也是纽约爱乐乐团的音乐总监、指挥家列奥纳德·伯恩斯坦工作数月。

在纽约任助理指挥：列奥纳德·
伯恩斯坦（左）和克劳迪奥·阿巴多

　　身为列奥纳德·伯恩斯坦的助理指挥，能近距离观察感受这位伟大指挥家和艺术家的高超技艺、深厚的音乐素养和创新能力，这对克劳迪奥·阿巴多而言是段极其重要的经历。他深刻感受到了伯恩斯坦待人的热情四射、艺术家的敏感、音乐家的伟大人格和他的博爱。作为那个时代古斯塔夫·马勒最大的宣传者，伯恩斯坦此时正与纽约爱乐乐团合作录制马勒的交响乐唱片，而这对于在维也纳跟随汉斯·施瓦洛夫斯基求学时就已研究马勒交响语言的阿巴多来说，无疑为其指明了未来的发展方向。在领略了伯恩斯坦以无边热忱演绎马勒作品中的"瓦解"特性，目睹了伯恩斯坦全身心投入马勒那闪烁着自然与灵魂神秘的音乐后，克劳迪奥•阿巴多一定程度上已变成了列奥纳德•伯恩斯坦的门徒——尽管他从未如此表示过。

从伯恩斯坦那儿，阿巴多还受到进一步启发，要引导青年人了解古典音乐。纽约爱乐乐团早在1924年就创建了青年音乐会，以向青少年普及那些被视为艰深的古典音乐——这也是今日那些教育项目的前身。自1958年伯恩斯坦执掌纽约爱乐乐团以来，青年音乐会就开始在电视上播出了。作为曾创作了音乐剧《西区故事》的流行作曲家，伯恩斯坦以浅显易懂的语言，配以和弦例证、评论和简介介绍一段音乐作品或音乐主题。当阿巴多赢得米特罗普洛斯国际指挥比赛时，伯恩斯坦作为一个电视音乐主持人，早已是纽约的传媒明星了。他还定期在电视音乐专栏节目《青年演奏家》中介绍新人音乐家。

1963年12月23日，列奥纳德•伯恩斯坦邀请30岁的米特罗普洛斯国际指挥比赛冠军克劳迪奥•阿巴多来到他的电视节目。这位来自意大利的年轻指挥家作为节目嘉宾的这段影像资料现在还能在互联网上找到。从节目中可以看到，这个被伯恩斯坦亲切欢迎的年轻艺术家显得安静羞怯，甚至有些不知所措。节目展现了他在纽约爱乐乐团的指挥席上的表现力，他指挥了莫里斯•拉威尔为竖琴、长笛、单簧管和弦乐四重奏谱写的室内乐《引子与快板》。

伴随着一段准确又富有韵律的作品介绍，阿巴多开始指挥，右手优雅又自信地敲击节拍，双臂大幅挥动。镜头捕捉到了这个年轻的指挥家在那时就已能如音乐家般编织这细密的乐音织锦了。

受列奥纳德·伯恩斯坦的激励，克劳迪奥·阿巴多的艺术人格中的音乐要素——也许更多的是情感要素——有多浓厚，可以用阿巴多的一句话来形容，这句话也被彼得·格兰维茨当作格言写入了伯恩斯坦传记的前言。阿巴多的这句话可以视作他音乐自信的一面镜子："作为表演者，列奥纳德·伯恩斯坦对音乐的无尽热爱和他令人折服的热忱对同时代人带来了重要的影响。" 热爱与热忱也是阿巴多音乐内涵表达必不可少的工具。

"像列尼（'列奥纳德'的昵称）这样富有音乐气息的人，我还从来没碰到过。"在阿巴多临近生命尽头，回忆起列奥纳德指挥的马勒作品和他俩曾共度的时光时，他这样表示。伯恩斯坦"一生中干了太多事"。在完成了一次马勒第六交响曲音乐会后，他俩与朋友们一起共进晚餐。"列尼还沉浸在音乐会的激情中，他看看我：'我从你的脸上看到一种表情——你清楚我这一生都有过什么过失。'他的人生充斥着各色光怪陆离，红男绿女，《西区故事》的导演等等。列尼很坚持，然后我也就讲了自己 20 岁时的生活：弹钢琴，学习指挥，练习作曲。那时我就跟自己说：你要的太多了，必须有所取舍，只专注一件事——那就是成为一名指挥家。就这样，我做到了。列尼盯着我，他很理解。"

指挥生涯的开端

　　米特罗普洛斯国际指挥比赛冠军、担任列奥纳德·伯恩斯坦的助理指挥经历对克劳迪奥·阿巴多指挥事业的推动有如神助。还在1963 年，他就在西柏林广播交响乐团首次登台指挥。此时的乐团正痛失首席指挥费伦茨·弗里乔伊，即将迎来新上任的年轻美国指挥家洛林·马泽尔。这一年，阿巴多还重返柏林交响乐团，指挥了莫里斯·拉威尔的《圆舞曲》和阿尔班·贝尔格歌剧《璐璐》中的管弦乐曲。此时已担任了八年柏林爱乐乐团艺术总监的赫伯特·冯·卡拉扬现场聆听了阿巴多的音乐会，见识到这位来自米兰的后辈指挥家旺盛的创造力并深受震撼，因此他邀请阿巴多到萨尔茨堡演出。他还同作曲家、乐团经理罗尔夫·利贝曼分享了对青年阿巴多的印象："毫无疑问，他是我目前所知的最有天赋之人。在乐队面前如此镇定自若，就仿佛已经从事指挥 20 年似的。" 卡拉扬想让阿巴多在萨尔茨堡的首演选择路易吉·凯鲁比尼的 c 小调安魂曲，而阿巴多则坚持选用前不久在米兰指挥过的、同样是 c 小调的古斯塔夫·马勒第二交响曲。1965 年 8 月 14 日，克劳迪奥·阿巴多在萨尔茨堡首度与维也纳爱乐乐团合作，奉献了一部引人入胜、全情投入的马勒复活交响曲。

阿巴多对马勒交响曲的驾驭能力还征服了维也纳爱乐乐团那些苛刻的乐手。第二小提琴首席奥托·施特拉瑟之后在他那本爱乐日记《终有回报》中称许阿巴多为"未来的希望"："他指挥马勒复活交响曲时的艺术张力闻所未闻，让我们都深深折服，于是我们马上就跟他预定了下下个乐季的演出。" 这真是来自维也纳的授勋呀！ 32 岁的克劳迪奥·阿巴多第一次登顶了古典音乐世界的巅峰。

1965 年夏，年轻的指挥家克劳迪奥·阿巴多第一次参加了富有传奇色彩、演出名单上众星云集的萨尔茨堡音乐节。在他首演次日，卡拉扬率德累斯顿国家剧院乐团进行了演出。音乐节期间，除阿巴多外，拉斐尔·库贝利克、乔治·赛尔、卡尔·舒里希特等指挥名家也纷纷献艺。阿巴多演出三天后，他的同窗挚友祖宾·梅塔也指挥维也纳爱乐乐团进行了演出。

阿巴多在萨尔茨堡开拓了他的国际职业生涯，而他也深知，正是柏林爱乐乐团的首席指挥卡拉扬助了第一把力。卡拉扬此后还多次给阿巴多创造了参加萨尔茨堡音乐节的机会。日后阿巴多对卡拉扬的回忆是，开始"非常宽宏大度"，给了许多中肯建议，

"就像是父亲一般。我那些年是非常感激他的"，但后来与卡拉扬的关系就淡化了。

对阿巴多而言，马勒第二交响曲某种意义上成为改变命运之曲。在米兰和萨尔茨堡之后他还多次指挥演出过这首交响曲，如1972 年的赫库里斯大厅。《南德意志报》曾以《慕尼黑诞生了一位马勒指挥家》为题发表乐评。评论家卡尔·海因里希·鲁佩尔在阿巴多身上发现了与梦幻、主观的列奥纳德·伯恩斯坦"迥然相异"的类型，认为他更与天才指挥家卡洛斯·克莱伯趋同："一个狂怒的手势，他就能在一开始就激发弦乐队演奏出快板乐章的庄严声场……他的指挥手势如数学般精确，在乐队面前的仪态又营造了帝王般的肃静。而他呈现的其实是全身绷紧下的镇定、激情燃烧下的精准。"但当阿巴多以指挥马勒作品在慕尼黑闻名时，他执棒米兰斯卡拉歌剧院已经好些年了。

第五章

歌剧典范：斯卡拉歌剧院

（1968—1986）

阿巴多重新演绎了我们那些伟大的歌剧：

特别是威尔第的作品！

——安提利亚·朱利安尼

传奇的斯卡拉歌剧院对米兰人克劳迪奥·阿巴多影响甚大。就在这里，七岁的他第一次萌生出要当指挥家的愿望。当时恰逢上演克劳德·德彪西的三首管弦乐曲《夜曲》。其中的喇叭吹鸣、舞蹈般的韵律和中间部分丰富的音乐色彩深深迷住了小阿巴多。也是在这个金碧辉煌、声名远扬的意大利歌剧圣殿，在这个 1778 年正式启用、内设可供 2000 人的红色高阔听众席的歌剧院，小阿巴多第一次听到了歌剧，那是朱塞佩·威尔第的《阿依达》。之后陆续听过的罗西尼、多尼采蒂和贝利尼的美声艺术以及莫扎特和威尔第的歌剧都给他留下了深刻印象。小阿巴多常去听音乐会，有时还被允许观摩交响乐排练。他在那儿看到了举世闻名的高龄指挥家阿尔图罗·托斯卡尼尼，也目睹了这位专横的音乐大师是如何痛斥那些不尊其意的音乐家的。这幅画面令他铭记终生，使得阿巴多在之后自己的指挥生涯中完全摒弃了大师的做法，对乐队十分尊重谦和，与乐手完全打成一片。在米兰时，阿巴多还体会了一把德国作曲家威廉·富特文格勒的创作欲，这位前辈曾于 1950 年与斯卡拉歌剧院乐队合作了瓦格纳的《尼伯龙根的指环》并录制成唱片。实际上，不是托斯卡尼尼、反倒是富特文格勒为阿巴多树立了高雅歌剧艺术的典范。

到了自 1945 年就任剧院经理的安东尼奥·吉尔盖利在斯卡拉工作的尾声——也就是 20 世纪 60 年代后期，斯卡拉歌剧院的表演艺术已陷入传统化的僵局，这座二战后马上由阿尔图罗·托斯卡尼尼重新复业的歌剧院此时已仿佛一座大而无当的歌剧艺术博物馆。划时代的著名歌剧女演员玛利亚·卡拉斯曾在这里激情四射地塑造了许多意大利歌剧艺术的经典角色，如贝利尼的诺尔玛、威尔第的薇奥列塔、凯鲁比尼的美狄亚等，而指挥席上年轻的列奥纳德·伯恩斯坦则给了这位名伶极大灵感——而这个时代已经过去了。歌剧演员叱咤风云的时代已经过去了，取而代之的主角是指挥台上的托斯卡尼尼和德·萨巴塔、导演了《茶花女》的卢奇诺·维斯孔蒂、指挥了弗兰科·泽菲雷里制作的《艺术家生涯》的赫伯特·冯·卡拉扬和指挥了《唐乔瓦尼》的赫尔曼·舍尔欣，以及执棒斯卡拉歌剧院的迪米特里·米特洛普洛斯。而随之丧失的还有年轻一代的观赏兴趣，这里的音乐和舞台设计看不到任何向现代化转型的趋势。时代转折迫在眉睫，而且已近在眼前。希望之子就叫克劳迪奥·阿巴多。

阿巴多的职业生涯自赢得纽约米特罗普洛斯国际指挥比赛、在萨尔茨堡音乐节上指挥维也纳爱乐乐团后就一路坦途。1966 年，三个乐团都向他抛去了首演的橄榄枝，分别是柏林爱乐乐团、伦敦交响乐团和琉森音乐节。这位年轻的指挥家在意大利顿时一炮而红。1968年，在萨尔茨堡音乐节安排下，他与维也纳爱乐乐团和捷克爱乐乐团合作，首度上演歌剧作品。由法国人让·皮埃尔·彭奈尔执导、阿巴多指挥的罗西尼的《塞维利亚的理发师》演出大获成功。他职业生涯的引火石现在已显得唾手可得，那就是执掌米兰斯卡拉歌剧院。

能走到这一步，阿巴多早已有所准备：1965年，他就将同龄作曲家贾科莫·曼佐尼的先锋派音乐剧《原子之死》搬上斯卡拉小歌剧院的舞台。1966年的乐季中，他在斯卡拉歌剧院指挥了文森佐·贝利尼的《凯普莱特与蒙泰古》，并到加拿大蒙特利尔进行巡回演出。1967年12月7日，他指挥了盖塔诺·多尼采蒂的《拉美莫尔的露琪亚》，这也是在纪念米兰城市守护神和主教圣·安布罗修斯的乐季开幕式演出中首次演出该剧。同年，他开始了与赫伯特·冯·卡拉扬的唱片出品方德国留声机公司的合作，与青年钢琴家玛尔塔·阿格里奇及柏林爱乐乐团共同录制了普罗科菲耶夫的第三钢琴协奏曲和拉威尔的G大调协奏曲，这也是阿巴多出版的第一张唱片。

克劳迪奥·阿巴多被任命为斯卡拉交响乐团的首席指挥。1968年12月7日的"就职典礼"上，他指挥了由朱塞佩·威尔第作曲、脚本取自席勒的伟大歌剧《唐卡洛》。这部剧之前在威尔第的歌剧作品中并不瞩目，但阿巴多通过此次演出证明了它的价值。日后创立了"阿巴多人漫游俱乐部"的米兰少女阿提利亚·茱莉亚尼此时正在观众席中，数十年后她仍能回忆起由这个新鲜的、之后因为"左派"政治态度而颇受争议的斯卡拉音乐总监指挥的威尔第歌剧演出，回忆起斯卡拉歌剧院即将展开的这个崭新的时代："当然了，一开始米兰的听众还是颇受考验的。直到那时，歌剧演出中还是有很多这样那样的传统。但突然出现了一个人，他向听众展示了新音乐流派，他熟知阿多诺的哲学，他引进了勋伯格和施托克豪森等现代作曲家的作品。对部分人来说，在这个值得尊敬的大厅里演奏这些简直就是耻辱。但阿巴多重新演绎了我们这些伟大的歌剧，特别是威尔第的作品！"

阿巴多认为，米兰斯卡拉歌剧院不应再以社会精英的歌剧神殿自处，作为歌剧院，必须向所有人提供全方位的文化"基本服务"——尤其是对所谓学生运动鼓舞下的民主社会中的年轻人。他在歌剧院的工作也十分明了：阿巴多作为音乐家的自我认知显然超越了纯音乐层面，升华到社会责任领域。

凭借广阔的视野和超强的韧性，阿巴多无论在米兰，还是后来在维也纳、柏林和琉森，都致力于改变旧习凡俗，达成两个目标：艺术革新和社会开化。这位年轻音乐家的意志力和干劲真是无穷的，其作为斯卡拉歌剧院首席指挥的计划也显得深思熟虑：翻新乐队的保留曲目和演出计划，引入现代音乐色彩，评估艺术人才，任命新的导演和指挥，复兴并深入与时代和社会的联系。借助阿巴多的艺术投入和为人直爽的性格，借助阿巴多取消了歌唱演员为中心的历史习惯，团结友爱的气氛得以在乐团中逐渐营造起来。

20世纪70年代初，米兰指挥家里卡多·夏伊见识到阿巴多这位年长20岁的大师所代表的"艺术灵感的缩影"。作为阿巴多极年轻的助理，夏伊极为称赞与阿巴多的同事之谊："阿巴多的办公室永远对所有人敞开，在那里他展现了老师那般伟大的人格。"夏伊还感受到："虽然私人交往中他常常妥协，但一旦想要做成什么事，他的意志可是无坚不摧的。他的表述清晰又干脆，并且拒绝争论。"夏伊2015年成为斯卡拉歌剧院音乐总监，并于阿巴多逝世后接掌了琉森节日乐团。此时，他更体会到阿巴多钢铁般意志的可贵："如果他不是这么毫不妥协，他就永远不可能在斯卡拉这种歌剧院的交响乐节目单中加入舒伯特、舒曼、勃拉姆斯、门德尔松、马勒、德彪西、巴托克和诺诺的音乐。"也正因如此，阿巴多1982年创建了斯卡拉爱乐管弦乐团，这个乐团以维也纳爱乐乐团为范，设置基本等同于一个歌剧交响乐团。在开幕式音乐会上，阿巴多指挥了古斯塔夫·马勒的第三交响曲。

在任音乐总监的近20年里，阿巴多为米兰斯卡拉歌剧院营造了一种延续至今的"近乎神圣的光芒"，在艺术和文化政策上都进行了革新，这也招致了两极化的评价。为此，加强乐团领导势在必行，也正因此，保罗·格拉西于 1972 年上任剧院院长。格拉西这位信奉社会主义的剧院院长，是意大利剧院现代派改革的先锋，其来对斯卡拉歌剧院和克劳迪奥·阿巴多都是幸事一件：他与乔治·斯特雷勒于 1947 年共同创办了米兰小剧场，并迅速成为意大利最进步、兼具宣传和政治冲击力的话剧院。阿巴多和格拉西治下的斯卡拉歌剧院也效仿了小剧场的这种"爆炸性"。剧院中旧有的特权被逐渐废除，家长制的管理习惯被民主所取代。为此，阿巴多和格拉西在艺术政策上进行了创新，歌剧和音乐会开始向学生、工人和工会成员等普罗大众开放。钢琴家毛里奇奥·波利尼也加入了他们的行动。阿巴多之后回忆道："所谓'开放的斯卡拉'这个概念，指的是既对精英开放，也对其他受众开放"。而这一切正是由一首马勒的作品开启的。马勒第三交响曲在米兰举行了首演，为此阿巴多邀请了"当时举世最优秀的指挥家"，如乔治·赛尔、约翰·巴比罗利、拉斐尔·库贝利克和列奥纳德·伯恩斯坦。

在米兰的创新

阿巴多和格拉西的大胆决定涉及节目和演出计划的美学创新，而这也是一个现代化、与时俱进的歌剧院的立身之本。斯卡拉歌剧院开始委托作曲家创作演出作品，如卢西亚诺·贝里奥、西尔瓦诺·布索蒂、卡尔海因兹·斯托克豪森和路易吉·诺诺。正好年轻一代的受众也正被那些未在斯卡拉演奏过的 20 世纪作品所吸引。阿巴多在维也纳求学时饱学勋伯格学派的音乐和音乐剧，此时更是立志要在斯卡拉、之后在维也纳和柏林推广 20 世纪歌剧代表作——阿尔班·贝尔格的《沃采克》。阿尔班·贝尔格的交响乐可谓是勋伯格弟子作品中最具表现力的。接下来的数年中，贝尔格的歌剧《璐璐》、勋伯格的富有宗教哲学意味的歌剧《摩西与亚伦》片段、稍晚些伊戈尔·斯特拉文斯基的歌剧《浪子的历程》及他的歌剧 – 清唱剧《俄狄浦斯王》、贝拉·巴托克的《神奇的满大人》轮番上演。

卢西亚诺·贝里奥的歌剧《指环记》和克里斯托弗·潘德列茨

基的歌剧《失乐园》也得以在斯卡拉歌剧院上演。而卡尔海因兹·斯托克豪森那部神秘的鸿篇巨制《光》的其中三部分也在斯卡拉首演——整整耗费了从 1981 年起的三个乐季——在历史和国际影响上也算是大事一件。斯卡拉歌剧院将作曲家施托克豪森从科隆请来，在他的领导下将《星期四》《星期六》和《星期一》以极尽奢侈的技术设置、极尽夸张的审美展现出来，而且时长持续整整一周。阿巴多对传统最强烈、最富有个人色彩的"逆反"还体现在他促成了威尼斯作曲家好友路易吉·诺诺作品的三次首演。

歌剧曲目已定，现代化的舞台和画面语言就显得十分必要了。阿巴多早年逛新现实主义电影院的经验培养了一种直觉，目之所及的一切元素都要为艺术的画面语言、继而为总体艺术作品服务。为了摆脱以往意大利歌剧中占统治地位的舞台装饰风格，他邀请了众多戏剧导演为歌剧作品尝试新的舞台表现，而这些名家也都是业内翘楚：乔治·斯特雷勒、卢卡·隆柯尼、尤里·留比莫夫、让 - 皮埃尔·庞内尔和奥托·申克。在伦敦，阿巴多与电影艺术家安德烈·塔可夫斯基一起工作，之后在维也纳和萨尔茨堡分别与露丝·伯格豪斯、哈里·库普费尔、阿道夫·德雷森及彼得·斯坦、吕克·邦迪、克劳斯·迈克尔·格鲁伯。阿巴多是当时舞台审美的指挥家先锋派。

天才剧作家乔治·斯特雷勒于 1971 年导演了威尔第那部久遭

误解、极少演出的歌剧《西蒙·博格涅拉》，阿巴多指挥斯卡拉管弦乐团奉献了一场激情的演出。《唐卡洛》和《西蒙·博格涅拉》算得上他诠释威尔第政治性剧作的首选。斯特雷勒和阿巴多对围绕热那亚总督的斗争、民众与政权的矛盾以及对阴谋、爱情和移情别恋的演绎栩栩如生。这场演出重现了大师的一部经典作品，二人的组合之后也在许多其他的歌剧院得到复制。乔治·斯特雷勒的下一部导演作品是普罗科菲耶夫的《对三个橘子的爱情》。1975 年度斯卡拉乐季以斯特雷勒任舞台设计、阿巴多指挥的威尔第的歌剧《麦克白》为开幕演出。之后，斯特雷勒还执导了阿巴多在斯卡拉指挥的第一部，也是有限的几部之一的瓦格纳歌剧《罗恩格林》。

而代表阿巴多米兰歌剧概念的光辉力作则应该是由导演和舞台布景家让 - 皮埃尔·庞内尔搬上舞台的罗西尼的歌剧三部曲。早在 1968 年的萨尔茨堡音乐节上，阿巴多就与庞内尔合作过《塞维利亚的理发师》，其后又在伦敦和米兰相继完成了《灰姑娘》和《意大利女郎在阿尔及尔》。阿巴多不光是字面意义上的忠于罗西尼的原著，他在处理《塞维利亚的理发师》和《灰姑娘》时选取了阿尔贝托·泽达修订、米兰里科尔迪音乐出版社出版的新版乐谱。摒除了常见的声乐和器乐疏忽，乐谱标记在音乐感情上既节制又清楚。而庞内尔那妙趣横生的执导风格也与这份"忠诚原著"

显得相得益彰。

自发主动和体育精神并不矛盾，而且能提升音乐家的演奏技术水平。在 1973 年率斯卡拉管弦乐团携罗西尼的《灰姑娘》赴维也纳参加演出周时，39 岁的斯卡拉歌剧院音乐总监克劳迪奥·阿巴多不仅指挥演出，还驰骋绿荫，在斯卡拉歌剧院对阵维也纳爱乐乐团的足球赛中充当前锋。女高音里恰蕾莉开场发球，维也纳代表队 6 比 3 略胜一筹。维也纳裁判员可不认识这位"明星指挥家"，只是惊讶道："啊，他一定是个有名的音乐家。"而比赛结束后阿巴多则哀叹："我们都被灭了。"三天后，阿巴多站到了维也纳爱乐乐团的"对手席"上，与钢琴家毛里奇奥·波利尼合作了巴托克的第二钢琴协奏曲。

足球就像是戏剧幽默的战斗形变体。在米兰，阿巴多与法国人让-皮埃尔·庞内尔在罗西尼歌剧方面的合作并非偶然，后者堪称是当时欧洲歌剧舞台上角色舞蹈设计的质量保证，能准确地表现出罗西尼歌剧中纠葛的感情世界。"阿巴多感情如此贫乏，"当时一个罗马评论家这样嘲讽其指挥的《塞维利亚的理发师》，"却是个敏感细腻的幽默家，倒也算是他职业生涯可观的成就了。"阿巴多在斯卡拉歌剧院的助理里卡多·夏伊曾记录了排练时他在近处对阿巴多的观察。庞内尔的"有才智的幽默"应当是精确安排音乐戏剧的行为元素，以达到观众的共鸣："最糟糕的莫过于

足球运动员阿巴
多：米兰斯卡拉对维
也纳爱乐乐团（1973）

歌剧演员们的肢体动作——胳膊、手腕，甚至是单个指关节不符
合动作编排的要求，而这种编排恰恰要求全体一致行动，每个细
节都可能影响'罗西尼机器'的流畅运行。"

　　1984 年，阿巴多与导演卢卡·隆柯尼合作，将罗西尼的轻喜
剧《兰斯之旅》搬上舞台。这是罗西尼于 1825 年创作的最后一部
意大利语歌剧，但之后式微，到 20 世纪甚至绝迹。阿巴多稍后不

克劳迪奥·阿巴多与俄罗斯电影作家安德烈·塔可夫斯基（右）在一起

仅在维也纳歌剧院，而且还与柏林爱乐乐团合作再现了罗西尼那精妙绝伦的音乐。隆柯尼曾在阿巴多指挥的阿尔班·贝尔格的歌剧《沃采克》中担任舞台设计，之后还与他合作了乔治·比才的《卡门》。1987 年，阿巴多还在维也纳与东德导演阿道夫·德雷森合作翻新了《沃采克》，10 年后还与彼得·斯坦在柏林和萨尔茨堡完成了同样的合作。

阿巴多还与两位俄罗斯天才导演建立了紧密友好的联系，即 70 年代结识的尤里·留比莫夫和 80 年代早期认识的安德烈·塔可

尤里·留比莫夫执导演出的路易吉·诺诺的音乐戏剧《在爱的炽热阳光下》（1975）

夫斯基。留比莫夫在斯卡拉歌剧院执导了路易吉·诺诺那部引发轰动的"舞台行为剧"《在爱的炽热阳光下》和穆索尔斯基的《鲍里斯·戈杜诺夫》，塔可夫斯基则在伦敦执导了《鲍里斯·戈杜诺夫》。1983 年在伦敦皇家歌剧院合作的《鲍里斯·戈杜诺夫》验证了两人在艺术上的高度契合。阿巴多十分认同这位俄罗斯电影人的艺术观，他曾在一次电影采访中表示："每个艺术家都力求尽可能令人信服地表现出人的内心世界。我们所有人都是为这个目标而努力。"

据阿巴多后来所谈,塔可夫斯基对音乐的态度倒是十分开放的。《鲍里斯·戈杜诺夫》的理念和画面都没有沿袭固有的设计方案,而是在两人的合作过程中一致决定的。阿巴多称他与塔可夫斯基的关系是"天涯若比邻。我们不常见面,也无须多言,即使对坐无声我们也深谙彼此"。阿巴多的一个行为在音乐上产生了很强的影响力,那就是他终其一生都以近乎传道式的行为抵触作曲家尼古拉·里姆斯基-柯萨科夫后来整理的较为"流畅"的《鲍里斯·戈杜诺夫》演奏乐谱版本,而采用英国音乐理论家大卫·劳埃德-琼斯整理、牛津大学出版的初始版本,保留了和弦粗糙的原本特色。

塔可夫斯基的"艺术哲学"也可以应照阿巴多的人格肖像。塔可夫斯基称,他所有的电影都是"为了展现人内心的分裂,精神与物质的矛盾状况以及精神理想和物质世界存在的必要性"。他和阿巴多认为穆索尔斯基那部"音乐民间戏剧"存在一个中心形象——大钟,就像是他电影《安德烈·卢布廖夫》中那戏剧性浇筑成的钟一样。之后在阿巴多萨尔茨堡《鲍里斯》的演出中,导演赫伯特·维尔尼克引证称钟在这里既是统治的纪念信号,也是民众的丧钟,它起到了双重效果,既振奋人心又被无情扑灭。

塔可夫斯基很亲近路易吉·诺诺,后者曾发表过一篇声援他的短文:"他是时代的天才创造者——他的电影影像戏剧性地展现了过去和现在的感觉,那就是一个面向所有人的新俄罗斯苏维埃学校。"安德列·塔可夫斯基于 1986 年在流亡中去世，享年 54 岁，诺诺在同年还为他树立了一座音乐纪念碑，那就是阿巴多在维也纳与韦伯剧团、后来还一度与柏林爱乐乐团合作过的情感丰沛的交响乐史诗《无路可走，只有行走……致安德烈·塔可夫斯基》。

结识俄罗斯导演尤里·留比莫夫可谓是路易吉·诺诺和克劳迪奥·阿巴多的幸事一桩。留比莫夫是被苏联文化政策敌视的莫斯科塔甘卡剧院的创始人和导演，这家剧院延续了斯坦尼斯拉夫斯基、梅耶荷德和爱森斯坦为标志的俄罗斯电影先锋传统。诺诺在一次莫斯科之旅中与他相识。诺诺与阿巴多在 1975 年冲破重重阻碍，成功地邀请他赴米兰参加路易吉·诺诺那部舞台行为剧《在爱的炽热阳光下》在斯卡拉歌剧院的首演。演出中激情四射的演奏，出自大卫·博洛斯基之手的布景，伴随着独唱演员们在舞台上用滑雪板和船舱板搭起的斜坡上表演、歌唱，吟诵布莱希特、高尔基、马克思、列宁、葛兰西、帕韦塞和切·格瓦拉的作品，整场演出无论臧否，都成为米兰一场英勇的文化活动。

诺诺的这部戏剧清唱剧足可在米兰斯卡拉历史上占据重要一席，它得名于诗人阿蒂尔·兰波的一首庆典诗《沐浴着向着真爱的灿烂阳光》。这部由克劳迪奥·阿巴多和毛里奇奥·波利尼受斯卡拉剧院委托、倾注了无数心力的视觉盛宴，围绕新历史下女性领导的革命失败展开剧情，作品的完成得益于四人组的团结合作，即诺诺、留比莫夫、博洛斯基和阿巴多。

虽然斯卡拉的领导层仍然是由阿巴多、格拉西和艺术总监马西莫·博詹基诺组成的三驾马车，但《在爱的炽热阳光下》在演出之前就已经陷入米兰地方政策的激烈争议中，《共产党选举宣传》还曾大肆批评过路易吉·诺诺和斯卡拉管理层。米兰首演一个月后，阿巴多将这部作品带到了德国，指挥西德广播交响乐团在科隆演出了诺诺从总谱中编纂的一系列组曲并连演七场。四年后，留比莫夫、博洛斯基和阿巴多在斯卡拉进行了第二次舞台合作，在穆索尔斯基的《鲍里斯·戈杜诺夫》演出中以圣母玛利亚的圣像为舞台中心布景，暗示了俄罗斯古代情感阴郁的符号信仰。

克劳迪奥·阿巴多自 1968 年上任以来就致力推动的米兰斯卡拉歌剧院的艺术创新，不只需要新的现代流派的节目单、与时俱进的舞台和布景审美，还需要杰出的指挥家。凭借巨大的音乐贡献，仅靠阿巴多和格拉西的合作就足以削弱媒体和公众对他们所谓"左派"的歌剧政策的攻击。此时斯卡拉歌剧院的指挥家阵容还包括卡尔·伯姆、皮埃尔·布列兹、乔治·索尔蒂、小泽征尔、祖宾·梅塔和卡洛斯·克莱伯。

阿巴多能把极其敏感、难以捉摸的卡洛斯·克莱伯吸引到斯卡拉歌剧院这件事，对米兰的歌剧圈影响甚大。他是伟大的指挥家埃利希·克莱伯之子，1974 年凭借指挥巴伐利亚国家歌剧院演出理查·施特劳斯的歌剧《玫瑰骑士》完成在斯卡拉歌剧院的首秀。两年后，克莱伯在斯卡拉乐季开幕式上指挥演出了由弗兰科·泽菲雷里导演的威尔第的歌剧《奥赛罗》，演出众星云集，普拉西多·多明戈、皮耶罗·卡普契里及米雷拉·弗雷妮悉数登台。在他70年代中期执棒过拜罗伊特音乐节后，阿巴多于1978年成功地邀其来到米兰指挥《特里斯坦与伊索尔德》。虽然阿巴多自己也很想指挥《特里斯坦与伊索尔德》，但他还是让给了克莱伯。尤其让克莱伯感动的是，阿巴多表示："在克莱伯有生之年，他自己都不会指挥这部作品。"但实际上，早在1998年，阿巴多就与柏林爱乐乐团合作过该剧的音乐会版，由克劳斯·迈克尔·格鲁伯设计的半景版随后于1999年在萨尔茨堡、2000年在东京上演（克莱伯于2004年去世——译者注）。

克劳迪奥·阿巴多的核心歌剧剧目

　　一个音乐家演奏用的乐谱和歌剧剧本，一定程度上透露了他的艺术形象、想法和目标。克劳迪奥·阿巴多在音乐剧院指挥过的

二十余出"歌剧大戏"、他对特定作曲家和作品的偏好、对部分作曲家的反感及由此导致的部分作品"零演出记录",都表明了他个人的思维方式和态度。他对朱塞佩•威尔第的固执态度很明显,也体现在对其作品大量批判性的反映上。引人注目的是,尽管他与威尔第的历史形象、戏剧世界观和语言有深厚的联系,但一生只指挥了威尔第26部歌剧中的7部,且只有3部精雕细琢、常演常新。

阿巴多钟情的歌剧——《唐卡洛》《西蒙•博格涅拉》《阿依达》《麦克白》和《假面舞会》都显示了他对一种母题非常着迷,即威尔第以戏剧化手段展现的政治地位一落千丈的悲惨,统治强权与个人独立之间的道德对抗,政治、国家意识形态和宗教中关于权力地位的争斗,爱欲难禁的人们争取自由和个人幸福的斗争等。具体如席勒所描述的:一边是西班牙菲利普国王在政治和个人幸福中间左右两难,兼有宗教法庭庭长对他施以的残酷的宗教专断,另一边则是左右摇摆的唐卡洛王子和他的自由战友波萨侯爵,夹在中间的则是沉溺爱海的伊丽莎白王后和艾波莉公主的爱情悲剧。

阿巴多意识到,自己深为威尔第戏剧中权力的败亡而着迷,因为那里蕴藏着"政治利益和个人的戏剧关系,构成了《纳布科》中威尔第戏剧学的力量线",而且打上了悲观压力的标记。在阿巴多看来,在政治权力局势中破坏性地插入主角的个人感情和厄运，使得威尔第根据席勒和古铁雷斯的同名剧本创作的两部长期被低估的历史剧《唐卡洛》和《西蒙·博格涅拉》中那惊人的戏剧性和诗意特质展现得淋漓尽致。

是什么因素令阿巴多对歌剧《西蒙·博格涅拉》如此关注，对中世纪的热那亚共和国中的权力争斗、致命的家族仇恨、总督及他丧失的爱情和生活如此感兴趣，为什么他偏要凭一己之力抢救这部濒临失传的乐谱，而且常演常新？阿巴多给出了音乐层面的见解："也许因为这部歌剧的声音色彩是淡淡的、忧伤的，而非那种呼天抢地式的。而它的行进动力也不是强烈的对比，而是在弱音中区分不同的层次。"阿巴多之后多次在众多歌剧院指挥过这部歌剧，如在米兰斯卡拉歌剧院的许多乐季中，1984年在维也纳歌剧院，之后在萨尔茨堡、柏林及在德意志歌剧院的全景版演出和之后与柏林爱乐乐团合作的纯音乐版演出，晚些时候在华盛顿、莫斯科和东京举行的巡回演出，以及1971年在慕尼黑巴伐利亚国家歌剧院。而对于威尔第晚期的重要作品、根据莎士比亚同名剧作改编的歌剧《奥赛罗》和《法尔斯塔夫》，阿巴多直到盛年才在柏林和萨尔茨堡音乐节执棒演出。与之相反，威尔第那部极富诗意和戏剧性、死亡纪念碑式的《安魂曲》，倒是一早就在阿巴多的威尔第精选曲目中了。

令人惊讶的是，虽然阿巴多深入研究过威尔第著名的"通俗三部剧"（即《游吟诗人》《茶花女》和《弄臣》），但作为指挥，他对于这几部总体上还算得上喜庆的作品可是敬而远之。他为什么在这里绕开了"深陷不幸的父子和饱受厄运的女子的悲剧故事"这个一直受人偏好的主题，发人深思。或许是他对威尔第这种无情剖析、在戏剧中浓缩加深的家庭惨剧氛围——如《茶花女》中的薇奥列塔、阿尔弗莱德和其父，《弄臣》中的利戈莱托、吉尔达和公爵、《游吟诗人》中的莱奥诺拉、曼里科和阿苏齐娜——感到不适，或许是他惊诧于威尔第在观众面前残酷展现冰封之下破碎的人际关系…… 在 1998 年的柏林除夕音乐会上，阿巴多与知名歌唱家合作演出了《茶花女》和《弄臣》中的咏叹调和管弦乐选段。

深入思考是克劳迪奥·阿巴多艺术表达的一部分，正如谨慎是他性格的一部分一样。他乐于对所提供的"歌剧曲库"进行一番"精简"、深思熟虑的挑选，更乐于将选择面限于有限的几部并总是演出其中一部，而将曲目多样化、发掘新奇作品的机会留给同事。对他而言，对相对有限的几个经典曲目保持忠诚就够了。因此，阿巴多对俄罗斯作曲家莫捷斯特·穆索尔斯基那部描写形象生动的民众和沙皇的悲剧《鲍里斯·戈杜诺夫》投入了数十年的热忱，先后在米兰、伦敦、芝加哥、维也纳、柏林和萨尔茨堡上演了全景版和音乐会版。他在少年时代就对俄罗斯文学十分亲近。他还在维也纳和柏林指挥演出过穆索尔斯基未完成的历史剧《霍万兴纳》。在穆索尔斯基的这部古斯拉夫民族悲剧中，阿巴多试图为这种流畅的戏剧冲击力和真实寻求深层次的音乐表达。

与之相对的，他对热情歌颂民间文学和丰沛情感之美的俄罗斯歌剧作品却不感兴趣。因此，他对俄裔西欧作曲家彼得·柴科夫斯基的爱情悲剧《叶甫盖尼·奥涅金》和存在主义戏剧《黑桃皇后》兴趣欠佳，对尼古拉·里姆斯基-柯萨科夫的《沙皇的新娘》更是绝口不提。阿巴多只在某年的柏林除夕音乐会上指挥了苦恋中的塔提雅娜的"书信场景"片段。

对理查德·瓦格纳的作品而言，阿巴多在米兰和维也纳时偏爱的是《罗恩格林》；在柏林爱乐乐团时则成了《特里斯坦与伊索尔德》，该剧在萨尔茨堡音乐节上演时由克劳斯·迈克尔·格鲁伯执导；而到了柏林工作的晚期，阿巴多发掘了《帕西法尔》，并与彼得·斯坦合作搬上萨尔茨堡的舞台。

作为自幼浸润于斯卡拉歌剧院的米兰人，克劳迪奥·阿巴多与意大利歌剧——戏剧歌剧作曲家威尔第，以及充满浪漫主义气息的"先驱"罗西尼、贝利尼和多尼采蒂——结缘甚早。但终其一生，他指挥过的意大利歌剧，除了威尔第，只有艺术上志同道合的朋友让-皮埃尔·庞内尔执导、体现罗西尼深刻幽默的美声艺术作品——《塞维利亚的理发师》《灰姑娘》和《意大利女郎在阿尔及尔》。

此外，他还重新挖掘了罗西尼最后一部轻喜剧《兰斯之旅》，并在卢卡·隆柯尼执导下搬上舞台。

在莫扎特的歌剧作品中，阿巴多最偏爱的是洛伦佐·达·庞蒂作词的三部，即《费加罗的婚礼》《唐乔瓦尼》和之后在费拉拉上演的《女人心》。大概是阿巴多在莫扎特这三部意大利轻喜剧中感受到了他空前的音乐高度和强烈的现实意义，因为剧中聪明柔顺的女性将她们的情感优势强加给了那些大胆性感的男性。直到年岁渐长，阿巴多才转向莫扎特的德语歌剧——那部充满反抗哲学的《魔笛》。而直到晚年，即 2008 年，他才开始指挥贝多芬那部歌颂自由的《费德里奥》。

阿巴多对歌剧作品的割爱看起来是颇有启发性的。他对后威尔第时期的作曲家毫无兴趣，其中既包括贾科莫·普契尼和他关于大小英雄的抒情伤感悲剧，也包括彼得罗·马斯卡尼、鲁杰罗·莱翁卡瓦洛所代表的以非英雄的普通人为题材的意大利真实主义歌剧。值得注意的是，尽管在维也纳求学期间考察尼古拉斯·哈农库特的维也纳古乐合奏团时，无论意大利、法国还是德国巴洛克歌剧，从蒙特威尔第、拉莫到亨德尔，全非他的关注重点，但后来在柏林，阿巴多还是指挥了一些 17 世纪的巴洛克音乐作品，如在某次音乐会中唯一一次安排了亨利·普赛尔、乔瓦尼·巴蒂斯塔·佩尔戈莱西和克劳迪奥·蒙特威尔第的独唱咏叹调，在之后的柏林组曲

《爱与死》中也收录了蒙特威尔第《阿里安娜悲歌》中的"让我死吧"和充满戏剧色彩的牧歌《坦克雷迪和克洛林达之争》。直到晚年，阿巴多才在博洛尼亚指挥了乔瓦尼·巴蒂斯塔·佩尔戈莱西于1736年创作的经典之作《圣母悼歌》。

但阿巴多对以埃克托·柏辽兹、夏尔·古诺及儒勒·马斯奈为代表的法国浪漫歌剧兴趣缺缺，更遑论格鲁克的《伊菲姬尼》或卡尔·玛利亚·冯·韦伯的《魔弹射手》了。而对于理查·施特劳斯的作品，阿巴多也只属意他那部先锋派之作《埃莱克特拉》，并在维也纳指挥演出了由哈里·库普弗导演的歌剧，之后又在柏林与柏林爱乐乐团合作演出了该剧的音乐会版。莱奥什·亚纳切克唯一一部打动阿巴多的歌剧乃是他的《死屋》，于1992年在萨尔茨堡由克劳斯·迈克尔·格鲁伯执导搬上舞台。

阿巴多为阿尔班·贝尔格于1925年在柏林首演的歌剧《沃采克》投入了极大的决心、谦卑和心血，他将这部剧视为被战火笼罩的20世纪里的一出乌托邦似的真理戏剧。他洞察到了在诗人格奥尔格·毕希纳的台词片段中、在阿尔班·贝尔格充满表现主义色彩的音乐碎片中表现出作者所处的、也是我们所处的那个时代下人人皆为强权鱼肉的现实。他总是把这部"穷人的戏剧"放在歌剧和音乐会演出的中心，并且常演常新。

对阿巴多而言，与上述情况相反的——几乎可以这么说——

正是弗朗茨·舒伯特的英雄浪漫主义歌剧《费拉布拉斯》，他在维也纳时复演了这部沉寂已久的作品。还有一个例外，那就是克劳德·德彪西的歌剧《佩利亚斯与梅丽桑德》，阿巴多极其喜爱其中的梦幻人物与和弦色彩，他也以此演出告别了工作近 20 年的斯卡拉歌剧院。之后，他还在维也纳和伦敦指挥过这部作品。

阿巴多十分重视歌剧作品的观点和构思，他偏爱那些描述个人心灵困境与政治社会灾难的作品，从莫扎特的《费加罗的婚礼》到贝尔格的《沃采克》，莫不如此。当然，乔治·比才的《卡门》也因陷入混乱爱情的女主角与抱有市民爱情幻想的唐·霍塞之间的濒死挣扎而在阿巴多的歌剧经典名单上占有一席之地。这一领域的主题就是革命失败中的抗争女性，正如路易吉·诺诺在舞台行为剧《在爱的炽热阳光下》所抒情升华的那样。在 1975 年米兰的演出中，阿巴多强化了诺诺对社会的批判观点和主角的悲惨命运，正如他九年后在威尼斯指挥了诺诺那部超越凡尘，堪称听觉的弥赛亚悲剧的巨作《普罗米修斯》。

1986 年，当米兰歌剧院陷入困境，而音乐总监的工作愈发令人精疲力竭时，阿巴多与剧院始于 1968 年的合作也走到了尽头。日后他时常会想起歌剧院的情况，其实也是思考意大利这样一个"文化富足，但涉及政治机构和规划之处则非常贫乏的国家"。作为音乐总监，阿巴多在歌剧院中推行规划愈发困难："想提前两三年就邀请导演或独唱演员？劳动法可不允许。我们只能每年一签合同。而这只是其中一个例子！这种情况太不像话了。还有其他的情况：我们已经为正式演出排练了一个月、两个月，然后就爆发一场典型的意大利罢工，非常突然！——太让人崩溃了。"

阿巴多因此在 18 年后离别故乡，再次踏上赴维也纳的旅程。

第六章

"音乐/现实"：克劳迪奥·阿巴多、路易吉·诺诺和毛里奇奥·波利尼

诺诺是在控诉，而他的语言就是烈火。

——卡尔·阿玛德乌斯·哈特曼

克劳迪奥·阿巴多认为，在当代作曲家中，威尼斯人路易吉·诺诺无论音乐还是政治上都超凡脱俗，可以说是最值得信任的。诺诺生于 1924 年，参加过意大利共产党，还曾经担任过中央委员。自 50 年代中期起，他的音乐技术日益提升，感情日益内敛，音乐却日益生硬强烈，这一切都显示出他是如何将音乐的复杂性与其社会政治倾向以颇为冒险的审美恣意交融在一起的。通过与皮埃尔·布列兹和卡尔海因兹·斯托克豪森的合作，诺诺成功地为战后现代派的知识分子新音乐赋予了情感的力量。不同于布列兹和斯托克豪森，诺诺因他见证了时代道德的发展，在战后的欧洲成为一位公认的政治音乐作曲家，而这种音乐彻底解决了先锋圈和保守的市民阶级的分歧。

对诺诺而言，音乐在当代政治中扮演了重要角色，他意识到："音乐能够产生历史影响。音乐能够占领技术、意识、心理和社会阵地。音乐和政治对我而言是一体的。当然，为此就必须放弃唯美的态度及对资本主义制度的消极义务，对工人阶级的活动和参与有一个新的认识。"在其早期和中期的创作中，诺诺一直试图描绘欧洲和拉美针对政治压迫的社会运动，他的音乐也"与斗争、思考、争论、胜利情况及解放斗争的各种典型时刻息息相关"。

作为米兰市民阶级的后裔及众多当时同情"左派知识分子"的艺术家中的一员，克劳迪奥·阿巴多理解诺诺的道德思考方式，但对其引入阶级斗争的做法还是不置一词；而任职于米兰斯卡拉歌剧院时，阿巴多却对诺诺的音乐和政治美学十分推崇，因此他首先在米兰，之后在威尼斯和伦敦、柏林和琉森，大力推进他与诺诺共同研究指挥的几部诺诺的音乐作品。与长他九岁的老友的这段友谊一直持续到诺诺1990年离世。阿巴多表达了对"吉吉"——这是诺诺在他所在领域里的爱称——的崇高敬意："第一次与他交谈时，我马上就感到我们在生活和艺术的许多问题上都有深层次的一致。无须说破，我们彼此自然懂。吉吉和我的友情是压根不需要言语的无声交谈。"

路易吉·诺诺复杂的思想世界，他对充斥着战争回忆、压迫和负罪感的战后时代里人们的社会和道德状况的不满，对冷战时的世界形势的抗争，对脆弱感知下艺术和艺术的思考，对旋律和静音的音乐倾听——所有这些都与阿巴多的想法深深契合。尤其是诺诺的作品中并不乏战斗性和诗意化，他的乐谱中政治宣告和抒情力度反而加强了。诺诺的作品标题也极富鼓动性，如《明亮的车间》、《不要消费马克思》和《记得他们在奥斯威辛集中营对你做了什么吗？》。

虽然高度赞同作曲家路易吉·诺诺的政治和艺术目的，但克劳迪奥·阿巴多对他的好战性始终保持了一定的个人距离。这位内向的指挥家延续了他一贯的思考和行动谨慎，对任何意识形态立场都持怀疑态度。"当人们提及政治责任时，"阿巴多在诺诺去世后很久这样说道，"就已经脚底不稳了。至于我，并不是恐惧阻碍我表态（首先，如果是涉及具体问题，我会给出明确的立场），而是意识到人被物化的速度有多快。"

很显然，克劳迪奥·阿巴多这么一位享誉国际的作曲家不会采取精英专治的方式，而是从他的角色理解出发，遵循了一种民主的职业和人生榜样："我当然有自己的政治立场。但我扪心自问，将其公之于众是否适度又合法。我不相信人有阶级之分，自然也不认为我的态度就比别人的更重要。像其他人一样，我可以借工作来表达对世界的观点。"但这并不意味着，阿巴多对自己的政治观点和行为有所收敛。据他所说，在维也纳求学时，就曾为1956年的匈牙利布达佩斯起义仗义执言，之后还与路易吉·诺诺、毛里奇奥·波利尼一起组织过针对希腊法西斯的抗议活动。他还与丹尼尔·巴伦博伊姆、拉斐尔·库贝利克共同发表过抗议苏军入侵捷克的公开信。在以色列演出时，他还为巴勒斯坦定居者资助建设了一所医院。晚年时，他还多次以书面或签名方式反对当政的亿万富翁贝卢斯科尼。

友谊：克劳迪奥·阿巴多、路易吉·诺诺和毛里奇奥·波利尼（从左至右）

"我不是个政客，也从未有过这个意愿，"阿巴多总结他的参政可能性时如是说，"可是一旦那些该对决策负责的政客料想不到后果，或是对其行为没有经过充分考虑，而我又确信这个行为是有问题的——我就会站出来发声反对。"阿巴多的艺术自信无须示范："因为我领导的是一个乐团，所以我希望，通过我对曲目的选择和指挥方式，向留心的听众展现我的态度。"

与之不同，毛里奇奥·波利尼表现得就更直接、率性。他很早就与克劳迪奥·阿巴多在米兰合作演出系列音乐会"我们时代的音乐"，以期通过上演当代的音乐抵制当时经典音乐文化被束之高阁的趋势。年轻九岁的波利尼数十年间一直是阿巴多的音乐伙伴。阿巴多从未与另外任何一位演奏家一起在米兰、维也纳和柏林、从纽约、东京、琉森到萨尔茨堡合作这么多钢琴和交响乐音乐会，演奏莫扎特、贝多芬、勃拉姆斯、舒曼、肖邦和巴托克的作品。

两位米兰音乐家都赞同路易吉·诺诺的音乐和政治立场，他的音乐如同现实的一束火焰激发了他们的音乐灵感。二人都认为，诺诺这位勇敢的共产党员，同时也是一位敏感的音乐家，从未在音乐政策的煽动性或党派过激行为面前让渡音乐自主的艺术诉求。

然而年轻的毛里奇奥·波利尼这位意大利最杰出的钢琴家之一却在 1972 年的一个晚上陷入一场政治"事件"：当时他正计划在米兰举办一场肖邦作品音乐会，却因为刚发生的美军轰炸越南及造成的人员伤亡参与发表了抗议宣言。米兰的古典音乐听众禁止他进行政治发声，还无理要求他继续举办音乐会。波利尼则坚持己见，放弃了音乐会。意大利的艺术家和知识分子也由此在媒体上就"音乐和政治"这一主题展开了激烈讨论。路易吉·达拉皮科拉、戈弗雷多·彼得拉西和路易吉·诺诺等知名作曲家，克劳迪奥·阿巴多、布鲁诺·卡尼诺等艺术家、阿尔贝托·莫拉维亚、皮埃尔·保罗·帕索里尼等作家坚定地站在波利尼一边；而在德语媒体上，波利尼却被指责是"丑闻"。本书作者作为乐评人想了解得更清楚些，与波利尼约定了采访，拜访了他在米兰的住所，请他解释了他的政治立场的动机和背景，以及当代音乐艺术的结构。双方还就此展开了详细的讨论。

70年代，风行欧洲和拉美的左派政治及学生运动刺激了意大利的艺术景象以及音乐艺术发展。歌剧院和交响乐团、古典音乐的作曲家和演奏家就像西方其他文化一样，坚决表态反对美国发动的越战、美苏之间的核军备竞赛、西方世界的法西斯镇压以及僵化的反共主义。70年代意大利音乐家的政治艺术热情席卷了各大音乐节，如由德国作曲家汉斯·维尔纳·亨策于1976年在托斯卡纳地区蒙特布查诺创办的"国际艺术研讨会"。

自1968年克劳迪奥·阿巴多上任以来，米兰斯卡拉歌剧院在70和80年代也不得不面对时代的挑战。歌剧院领导层的三驾马车——克劳迪奥·阿巴多、院长保罗·格拉西及1977年后的继任者卡洛·玛利亚·巴蒂尼和艺术总监马西莫·博詹基诺都毫不掩饰对艺术政治化所持的同情态度。他们伴随争论而进行的文化改革的中心，就是1972年开始的"学生、工人进歌剧院"政策，这一举措对保守的米兰市民阶层而言，乃是对其自恃"属于自己"的音乐文化进行非同寻常的民主化。而斯卡拉歌剧院当时之所以能对抗"右派"反对派并能取得胜利，主要是因为当时米兰市议会的多数议员都是"左派"人士。

阿巴多早年就曾在汉堡指挥过路易吉·诺诺那部包含女高音、男高音、女低音、合唱和大型交响乐队作品《中断的歌》，这是欧洲反法西斯运动的抒情见证，由诺诺对被判死刑的抵抗运动战士的最后书信进行节选，组成了剧中那富有感情的形象化的唱词。这部作品写于 1956 年，堪称 20 世纪最有意义的音乐作品之一，作曲家诺诺对作品的诠释必须在年轻的指挥家阿巴多指挥棒下实现："被判死刑的人们的书信中所发出的呼告深藏在我心中，也藏在所有将这书信视为爱、自主决定和生命责任感的佐证、将书信视为勇于牺牲、反抗纳粹这个试图毁灭理性的疯狂怪物的榜样的人们心中。"

与路易吉·诺诺在音乐上的高度契合使得阿巴多必然会正视德国作曲家卡尔·阿玛德乌斯·哈特曼这位自 50 年代就在慕尼黑演奏诺诺作品对其的评价了，他说："诺诺是在控诉，而他的语言就是烈火。"

与路易吉·诺诺的合作和友情对阿巴多及钢琴家毛里奇奥·波利尼来说都是一份十分重要的经历，就像是他俩的艺术和人格行为的发电站。"60 年代是诺诺政治上一个很困难的时期，很多人都不理解他。我试图支持他的理念，首先是他的音乐，因为他是如今最伟大的作曲家之一。"

1972 年，阿巴多以米兰斯卡拉歌剧院音乐总监身份指挥了诺诺交响乐《光与力的波浪》的首演，作品中包含了女高音、钢琴独奏、管弦乐与磁带拼接等元素，与毛里奇奥·波利尼和女高音歌唱家斯拉夫卡·塔托娃的合作堪称一部政治抗议的音乐戏剧。台词和其冲击力来源于诺诺深以为然的拉美解放斗争中充满革命激情的纲领性文件，是为了纪念智利革命知识分子卢西亚诺·克鲁兹而作。

米兰的这场音乐会强化了诺诺与阿巴多和波利尼两位音乐家的友情。诺诺认为："克劳迪奥·阿巴多和毛里奇奥·波利尼的音乐新成效显而易见，即从一种艺术搭档关系成长为明确的，与我们这个时代的人性关切相对应的音乐责任。我们的友谊持续了多年。我计划要为钢琴和管弦乐队写一部作品，波利尼的钢琴演奏以他堪称范例的声音结构对我们这个时代进行了标志性的创新表达，而阿巴多的智慧则会真实再现音乐结构的历史。"

1973 年，阿巴多、波利尼与巴伐利亚广播交响乐团和女高音歌唱家斯拉夫卡·塔托娃合作，在慕尼黑赫克利斯厅首演《光与力的波浪》，作曲家诺诺再度出席。听众们公开表达了对音乐"挑畔"的不满，许多人高声抗议愤然离场。诺诺的音乐充满攻击性，听起来惊骇异常，充斥着钢琴低音区的滚滚雷鸣和纪念智利死难的自由战士所表达的那种伤痛、哀悼和抗争，所有这些元素都让某些音乐会听众觉得面临一种音乐和政治的双重挑战。就连在慕尼黑技惊四座的钢琴家毛里奇奥·波利尼也不能使诺诺钢琴部分中粗暴的和弦和跳音听起来更平和一些。

阿巴多特意以勋伯格 1947 年在美国流亡时为纪念大屠杀而创作的《华沙幸存者》作为音乐会开篇。而在结尾，他指挥演出了约翰内斯·勃拉姆斯的第三交响曲。慕尼黑音乐评论家约阿希姆·凯撒对诺诺作品中"频频展现的自信满满和咄咄逼人、阴晦的标志性音乐"不胜其扰，对勃拉姆斯的交响乐也存有类似的疑问。他认为，阿巴多之后的指挥"在剧烈如火的手势和细腻的处理中添加了很多意义，但这种处理使交响乐的理念遗失了。偏偏第三乐章需要很多直接的东西，广播交响乐团却演奏得不准确，就好像这么一首闻名的巨作很容易消化理解似的。"

三位意大利音乐家深知在慕尼黑演出《光与力的波浪》可能带来的惊吓和存在的误解风险。音乐会开始的两天前，汉斯-克劳斯·荣亨利希及撰稿人对路易吉·诺诺、克劳迪奥·阿巴多和毛里奇奥·波利尼进行了一场长篇记者访谈，提到了当时的现实音乐政治运动已经摆在这三位来自北意大利艾米利亚-罗马涅大区的艺术家面前的问题：从阿巴多和波利尼这两位"明星演奏家"身上体现出一种显而易见的矛盾，即他们通过在萨尔茨堡音乐节和瑞吉欧 - 艾米利亚工作室举办那些音乐会，试图将其工作的审美观点与政治观点进行和解。诺诺、阿巴多和波利尼为此准备了大量的提问和答案，希望为其音乐目的的矛盾说项——当然也是坚定他们自己的信念。

对此诺诺表示："当阿巴多和波利尼在萨尔茨堡演奏时，那是一种有别于传统的、新的音乐形式。即使音乐本身也有可能发生变化。" 克劳迪奥•阿巴多提及他任音乐总监时的斯卡拉歌剧院时表示："我们感到，当时的音乐生活并不好，也不适于大众。于是歌剧院开始向工人和学生开放，编排了现代的演出计划，上演当代歌剧、马勒的交响曲，并在米兰之外举办活动。"而毛里奇奥•波利尼则称："对我而言，将政治立场的利剑强加于音乐表达上是非常机械的。重要的在于发现社会上的矛盾都在何处。对此有两条行之有效的路：一是组织工会，这在演奏家那儿比在指挥家那儿容易实现；二是在已有的机构里进行创新，就像阿巴多在斯卡拉歌剧院做的那样。"

音乐以及政治上积极的联系促成了三位音乐家的密切合作。诺诺、阿巴多和波利尼由此接受共同邀约合作了一项音乐政治性的文化项目。1973 年，他们在博洛尼亚附近的瑞吉欧 - 艾米利亚举办了以"音乐／现实"为题的系列活动，以期宣传那些不为大众了解的古典和当代音乐。他们在学校、酒吧和工厂举行了多场工作室音乐会。诺诺、阿巴多和波利尼与听众、职员、工人、学生展开了公开讨论。"他们中的很多人对古典音乐还没有概念，"阿巴多之后回忆道，"很多人从没去听过音乐会，至于与音乐家交谈就更不可能了。"诺诺、阿巴多和波利尼在瑞吉欧－艾米利亚交流探讨其原因，以及如何能使市民阶级的音乐会文化面向大众，而得出答案并不容易。阿巴多当时还为诺诺参与创建并领导的音乐杂志《音乐实验室》撰写过文章。

多年后，在柏林的阿巴多还颇怀好感地回忆起所有这些努力的动力和真实的梦想："我们全都热情饱满……我们写文章，制定工作计划，把瑞吉欧－艾米利亚的政府官员和市民阶级都争取到一起工作，还询问城市工人的音乐态度。这才有了'音乐／现实'工作室的诞生，有了先锋和流行音乐、谈话音乐会和演讲的融合。而工会和工作岗位宣传用的 KPI 之后取代了这个机构。"

在与路易吉·诺诺和毛里奇奥·波利尼一起在瑞吉欧－艾米利亚进行音乐和艺术政治经典考察后，克劳迪奥·阿巴多的特色一直保持得非常明显：他不是理论派或辞藻丰富的指挥家，他对音乐的演绎既不"结构性"也不"分析性"，很多情况下只是源于对总谱的研究，跳出了所谓"既定"风格或时代理念的束缚，出于本能和直觉，又遵循逻辑地依赖于他的知识、和弦的秘密和音乐情感。

20世纪70年代中期左右，诺诺进行了一场审美"转变"，而身旁的阿巴多也跟踪了相关进展。阿巴多目睹了诺诺思想和情感中存在的转变及其音乐语言，感受到这个武装了共产主义思想的作曲家是如何出于阶级斗争的热情而在音乐语言中逐步拓宽加深他那艺术的诗意意识和抒情表达的。

自70年代末开始，阿巴多和意大利内外的音乐公众都意识到，诺诺的音乐语言和艺术世界观也好，他受共产主义思想和意大利共产党影响的意识形态也罢，都在逐步改变。这位作曲家开始从威尼斯哲学家马西莫·卡奇亚里和古德国哲学、文学的理念世界和作品中寻求灵感。他那充满政治冲击力的音乐过去从不避讳结构上的多样性和放飞诗意，此时则开始提升表现强度，以一种新加入的"救世力量"的形式表现得比以往更隐晦和富有意义；以荷尔德林、穆齐尔或卡夫卡作品为背景的这些音乐中，乌托邦式英勇和诗意表现力大大加强。对"结构串联"的先锋音乐和政治动力的拥趸来说，诺诺的"转变"当然是个损失；左派批评家和杂文家则对他们臆想中的诺诺对其以意识形态为基础的艺术目标的变节感到痛心不已。

诺诺向其"晚期作品"的音乐发展趋向是可被察觉的。在他那部得名于阿蒂尔·兰波诗句的鸿篇"舞台行为剧"《在爱的炽热阳光下》中，他就向另一种感知、语言和声音世界迈出了一步——这一发展由"政治音乐"推动，又在诗意 - 乌托邦方面不断内化。1975 年该剧在米兰的首演也再次由克劳迪奥·阿巴多担纲。

一个由声音、图像和文本表现力构成的光怪陆离的世界占据了诺诺作品和演出的核心，尤其是塑造了在以往革命中——如 1871 年的巴黎公社、1905 年的俄国革命、古巴革命和萨尔瓦多·阿连德领导的智利革命——强势的女性角色，还譬如 50 年代爆发的菲亚特罢工和《在爱的炽热阳光下》中被热情反映、歌唱以及用多种语言吟诵的越南战争。观众被淹没在诺诺和合作词作者、导演尤里·留比莫夫所创作的革命呼吁和台词片段中，其中的文章和演讲引用了卡尔·马克思、安东尼奥·葛兰西、菲德尔·卡斯特罗、切·格瓦拉、马克西姆·高尔基、贝尔托·布莱希特和切撒尔·帕韦塞的作品。

诺诺的音乐创作在阿巴多的指挥棒下得到了完全的发挥，即使是舞台语言的形象性被压缩到极致，主角要在高低不平、光秃秃的木板舞台上行动和演唱时也是如此。而这种舞台风格的创造者正是与他们兴趣相投的先锋派莫斯科塔甘卡剧院经理、俄罗斯戏剧导演莫斯科尤里·留比莫夫和他的舞台及服装设计大卫·博洛斯基。

路易吉·诺诺（左）与克劳迪奥·阿巴多在研究《普罗米修斯》

　　路易吉·诺诺将展现妇女解放的纪念丰碑——《在爱的炽热阳光下》献给了朋友克劳迪奥·阿巴多和毛里奇奥·波利尼。1975年4月4日，该剧未在斯卡拉歌剧院举行首演，而是由斯卡拉制作，在米兰抒情剧院上演。

　　1984年9月25日，克劳迪奥·阿巴多在路易吉·诺诺的故乡威尼斯指挥了他晚期巨作《普罗米修斯》，这堪称诺诺音乐新方向的一个高潮。诺诺给这部充满神秘和想象的音乐剧目冠以"听觉悲剧"的副标题。首演地点设在威尼斯圣·洛伦索教堂，它被不拘一格的建筑师伦佐·皮亚诺经过实验，划分成许多声学和视觉上多个透视层次的声音空间。这部作品及其首演博得了国际社会的广泛关注，首演后不久，阿巴多就在米兰指挥上演了该剧的第二版。

阿巴多对诺诺的《普罗米修斯》深有共鸣，剧中渐入静谧的女高音声部和即兴插入现场电子乐的音域加深了听觉接收道德的神秘内化力量。他对这部作品评价甚高，还因为他所珍爱的荷尔德林的诗正好在此处揭秘发亮。"吉吉的音乐中"，阿巴多观察到，"有他晚期作品的所有征兆：许多静谧的岛，很棒的移动立体声，精心设计的现场电子乐，对一个单音的持续运用。"阿巴多参与了《普罗米修斯》的创作和再加工："我们在首演后对作品进行了许多讨论，我建议这儿删删那儿添添，以便在总体上达到一个更好的平衡。吉吉做了很多修改，把过分复杂的细节改得更合实际。我之后就在米兰斯卡拉歌剧院指挥了第二版的《普罗米修斯》。"当问及他最喜欢该剧哪一部分时，阿巴多只简单回答道："荷尔德林"。阿巴多对静音以及听众根本不会注意静音这个问题考虑了很多，因为"他们不知道到底为什么会存在静音。人们本质上惧怕无声，但无声也有它的含义。"处在沉默边界的"声音悲剧"也因此被诺诺加入了作品，"让听众感受到，器乐、声部与人声间的和弦以及声音语言向远处传递后又回旋，就像一个无止境的圆环"。

克劳迪奥·阿巴多对音乐和路易吉·诺诺本人都很忠实："吉吉是一个伟大、富有同理心、对待任何形式的不公都不屈不挠的人。

他对其他作曲家——譬如库塔格和里姆——都很坦诚，而且其他作曲家也通过他在音乐领域获得了很多新经验。"阿巴多之后在柏林多次讨论过诺诺早期富有激情的康塔塔《中断的歌》。他还与欧盟柏林基金会合作，以"诺诺项目"为题出版了一部关于诺诺《中断的歌》的历史影像文献汇编，作为欧洲地区中学的跨学科教科书。

1992 年与柏林爱乐乐团合作《中断的歌》成了"诺诺项目"成立的基础。在这次音乐会上，阿巴多以音乐形式再现了反抗斗士、演员苏珊娜·洛塔尔和布鲁诺·甘茨信中的片段。此时正值东西德合并后出现了仇外的刺杀事件，于是，乐团和阿巴多一起在节目单上借诺诺为纳粹专制下的牺牲者而作的《墓志铭》表达了支持多人种、反对种族主义的态度："看一眼柏林爱乐乐团就知道，按地域、种族和文化对人进行划分是多么荒唐的事。我们乐团的成员——包括艺术总监和团长——都是不同国家、不同出身的……音乐和人群的多样性构成了我们工作的先决条件。"

1995 年，阿巴多指挥古斯塔夫·马勒青年交响乐团演奏了诺诺的最新作品《行尸……阿亚库乔》，一部由女中音、低音长笛和两支合唱队与现场电子乐构成的交响诗，文本源自曾被天主教会视为异端的文艺复兴哲学家乔尔丹诺·布鲁诺，音乐中充满了对各种暴力的反抗和叛逆。阿巴多曾多次与柏林爱乐乐团合作过由《普罗米修斯》总谱中片段改编成音乐会作品的"组曲"——他还在 2005 年夏季与琉森节日乐团及与弗莱堡电子乐队合作演出过这部作品。诺诺一直是阿巴多当代作品的作曲家首选。

　　阿巴多之后在回忆中说，母亲曾在米兰见过诺诺，关注过他与路易吉·诺诺几乎可称作家庭般亲密的个人关系。母亲在病痛折磨的最后时光里越发感受到诺诺音乐的吸引力："她试图去听，去理解。"1988 年，当阿巴多与诺诺在柏林爱乐乐团一个危机四伏的时刻相会时，母亲的形象曾闪现了一下。时任柏林科学学院客座教授的诺诺，本应当在一个"交谈音乐会"上谈谈他自己和他的音乐，但情绪上却没准备好，于是拒绝在已济济一堂的音乐厅里发言。只有当时凑巧在柏林爱乐乐团的阿巴多能够说服诺诺，"我和路易吉·诺诺独处时，我告诉他，这个大厅里的人都在期待他和他的新音乐，我也做不了更多。他马上就理解了。后来他告诉我：你知道吗，就在你跟我说话的时候，我在想，我听到了你的声音，但那是曾跟我说过话的你母亲的声音。所以我应该演奏新作品了。"

第七章

克劳迪奥·阿巴多和他的青年交响乐团

从与青年音乐家亲密无间的共同工作中，

……从他们的激情中，我学到了很多。

——克劳迪奥·阿巴多

克劳迪奥·阿巴多的艺术理念和事业也包括他对青年音乐人才的责任心，这与他对青年音乐家社会存在的兴趣和对他们自发性的直觉相关。阿巴多创立青年交响乐团的杰出倡议及后续对乐团音乐上的深入关怀都符合他内心最深处的信念，即必须亲近乐团后辈。

阿巴多的教育兴趣植根于孩提时代，在米兰那个"音乐之家"里。他在父母与朋友不倦的家庭室内乐音乐会中长大。室内乐排练中的愉悦和辛劳是他少年成长不可或缺的一部分。这位年轻饱学的钢琴家和指挥家作为老师指导青少年学习音乐的实践始于在帕尔玛音乐学院室内乐任教时期。下一次则是他30岁在纽约时，当时他近距离观察了列奥纳德·伯恩斯坦为青年指挥家们举办的"年轻人的音乐会"并受益良多。70年代起阿巴多自己开始与专业的交响乐团新秀们共事，首先就是与欧共体青年交响乐团合作。

1978年，在担任米兰斯卡拉歌剧院音乐总监10年、担任伦敦交响乐团首席客座指挥6年后，阿巴多参与创立了欧共体青年交响乐团。乐团的成立还要追溯到波士顿慈善家、广告商莱昂内尔和乔伊·布莱尔夫妇。他们向阿巴多委以艺术总监一职，还请维也纳音乐厅原来的老板汉斯·兰德斯曼担任乐团经理。兰德斯曼之后在维也纳协助阿巴多创建了古斯塔夫·马勒青年交响乐团。他在伦敦、维也纳和萨尔茨堡都成为阿巴多的"好头脑"和好帮手，这位敏感、爱好音乐的经理还协助为欧盟赞助的欧共体青年交响乐团寻找新资源和可供练习的演出"根据地"。兰德斯曼明白，"阿巴多一直试图与这些大项目保持相当的距离，远离国际镁光灯下（他在那儿从不自在）。简简单单、能让他专注于工作的，就是他感觉最舒服的地方了"。兰德斯曼也是阿巴多与青年音乐家建立友情的见证人："有件特别棒的事，克劳迪奥·阿巴多与乐团越来越熟悉亲近了。"

每年，约140位来自欧共体各国的音乐家分两个工作阶段来到欧共体青年交响乐团（后更名为"欧盟青年交响乐团"）学习古典音乐、浪漫主义音乐及20世纪的音乐作品并举办相关音乐会。阿巴多和乐团举办过多次在欧洲文化政治上受到强烈关注的巡演。

1981年，由这个乐团诞生了欧洲室内乐团。阿巴多自80年代中期起，与该团合作演出并录制了舒伯特所有的交响曲，并开创了基于舒伯特乐谱手迹而演奏的先河。之后还涌现出许多新的青年交响乐团，阿巴多以指挥家和艺术总监的身份和这些乐团保持了多年的联系。他也因此在马勒室内乐团诞生11年后，即1986年萌生了创建古斯塔夫·马勒青年交响乐团的念头，而这个乐团的音乐家构成了阿巴多自 2003 年离开柏林爱乐乐团直至生命终点都为之呕心沥血的琉森节日乐团的基础。2004 年，阿巴多在博洛尼亚创建了他生命中最后一个乐团——由青年乐器演奏家和阿巴多挑选的富有经验的音乐家组成的莫扎特交响乐团。他与乐团一起，不仅在意大利举办音乐会，还举行了长达数年的巡回演出，并录制了大量唱片。

成立维也纳古斯塔夫·马勒青年交响乐团算得上一项艺术和政治冒险。据阿巴多对维也纳国家歌剧院院长克劳斯·赫尔穆特·德雷斯所言，他们必须更多地致力于服务青年一代，"这一代对新和声技巧和新布景完全没问题。他们想重新发现世界、了解世界，我们必须提供帮助。对我而言，与古斯塔夫·马勒青年交响乐团的青年音乐家们合作比在伦敦或纽约把常规曲目指挥个几百遍要有意义得多……"乐团小提琴首席、如今也成为指挥家的都灵小提琴家安东内罗·马纳科达了解阿巴多致力青年音乐工作的动力，"他欣赏青年音乐家的清新质朴和以新生眼光探讨音乐的开放性。音乐就是一种创造！"。

乐团成员大多是来自曾经的奥匈帝国版图，如奥地利、匈牙利、捷克斯洛伐克和斯洛文尼亚——在当时称为中东欧的"东欧集团"的音乐学生们。打造这么一个乐团，在政治或组织上都非易事。阿巴多一如既往地保持了他果敢的战斗精神和艺术追求。政治上，通过推动历经数月的外交谈判，约 130 名来自铁幕国家的青年音乐家成功汇集在维也纳，组成了乐团的主体，并寻觅到适合巡演和排练的"根据地"——一开始在维也纳，之后在意大利波尔扎诺和巴黎拉维莱特剧院。在青年演奏家们实践性的巡回演出中，还会以来自各大乐团的签约艺术家们作为宣传卖点。

汉斯·兰德斯曼再次解决了乐团的布局和强化问题。1978 年，兰德斯曼与阿巴多在欧共体青年交响乐团合作；七年后，他又以音乐节经理的身份与阿巴多共同组织了以"马勒、维也纳和 20 世纪"为名的伦敦音乐节；90 年代，新上任的萨尔茨堡音乐节总监吉拉德·莫迪埃聘请他为商务经理和音乐会经理。没有兰德斯曼的话，阿巴多的许多项目都可能落空，主要因为前者能为阿巴多那天马行空的艺术想象力提供组织和设想方面的保证。兰德斯曼在 2011 年出版的回忆录《没有音乐的生活是不完整的》中提到："当阿巴多有了一个点子，他就立志立即付诸实践，没有'何时'也没有'但是'。对他而言，没有什么能够阻碍一个清晰理性的点子成行，即使这个阻碍是铁幕也不能。"

在乐团命名问题上，古斯塔夫·马勒因被视为项目里中欧思想的代表而被选中。因为马勒这样一个"多瑙河帝国和多民族国家的天才儿童"，出生于波希米亚，青年时就在莱巴赫（今卢布雅尔纳）、奥洛穆茨、布达佩斯、莱比锡和汉堡担任指挥，1897 年

克劳迪奥·阿巴多专注于指导交响乐后辈

出任维也纳皇家歌剧院院长。通过成立古斯塔夫·马勒青年交响乐团，阿巴多在中欧触及了力图创新的文化政策的神经。"成立一个跨越了东欧边界的青年交响乐团不仅是艺术上的大事，也是一个充满了变革和创新的历史时期内具有标志性的政治事件……阿巴多点燃的这簇火苗，在维也纳立即得到了大力支持"。

　　终其一生，阿巴多的目标都在于在社会范畴内为音乐谋求更多关注，尽可能让每个人都走近音乐，青年交响乐团的成立也给了他很大的个人激励。是什么因素推动阿巴多持之以恒地发掘青年艺术家的音乐能力，与他们一起专注地工作？又是因为什么缘由将他与青年音乐家们紧紧相连，吸引他一直站在青年乐团的指挥席上？在90年代一次与莉迪亚·布拉马尼的谈话中，阿巴多对上述问题给出了坦率的回答。

阿巴多与那些还没在交响乐团中按部就班地工作的青年音乐家合作，可以比在正式的交响乐团中指挥更加自如；他与这些年轻人一起推进他的音乐规划和项目，也比在已熟悉的乐团中更大胆；而且他也比与有经验的音乐家合作时表现得更开放自如，交流起来更直接，也更人性化。阿巴多为能够感受"有天赋的青年如何成长为成熟的音乐家"而乐在其中。尤其让他动心的是，他可以借此探究他与青年音乐家及他们那完好无损的新鲜活力之间的关系："青年人能从我的经验中获益，而且因为他们还没有经济或工会问题的负累，他们能满怀热忱和酷爱献身音乐。"因此，从阿巴多一方来说，他也赢得了很好的社会声誉。"与青年人一起工作，能让人面向未来而不是墨守成规。这个乐团（此处指古斯塔夫·马勒青年交响乐团）以及由此产生的我们与新生代和民族的关系……也得益于德国总统理查德·冯·魏茨泽克和捷克总统瓦茨拉夫·哈韦尔的大力支持。"阿巴多十分欣慰地回忆起古斯塔夫·马勒青年交响乐团在圣彼得堡举行的一次音乐会，当时的苏联领导人米哈伊尔·戈尔巴乔夫也在台下，"他的莅临真让我们非常感动"。

这个新成立的青年交响乐团对音乐新人的吸引力迅速增强，到 1992 年，乐团就对全欧洲的青年音乐家打开了大门。而阿巴多从创立伊始就明白，与青年交响乐团保持持续的排练和演出合作意味着什么："和这些音乐学生一起工作可以尝试和实验许多新的东西。每次我都收获很多。他们非常有激情……当我们拿到一部新的作品，我在首次排练时注意的不是要有漂亮的声音，而是乐团内部各个部分之间要保持平衡。这一步做到了，声音的事自然就成了。"他想得更长远："每个年轻的音乐家都应该有机会学习音乐，并尽可能频繁地参加音乐会，参与演出、练习，不只是自己一个人苦练，而应在乐团中合作。"

　　在乐团成立后仅一年，阿巴多就敢冒险筹划浩大的欧洲巡演。对他而言，与乐团成员保持亲密的关系十分重要，而成员们也十分珍视这一点："在古斯塔夫·马勒青年交响乐团的日子过得十分愉快。阿巴多在我第一次巡演时夜夜和我们一起看世界杯，只要一有时间就和我们泡在一起。他从青年那儿汲取了不少养分。"阿巴多还经常回"他的"已拥有知名指挥家和演奏家的青年交响乐团看看。在 1998 年的萨尔茨堡音乐节上，阿巴多就与乐团合作演出了理查德·瓦格纳、理查·施特劳斯和沃尔夫冈·里姆的作品。2004 年，他还携青年音乐家举办了欧洲巡演，并在次年举行了一次规模更大的巡演。

受年龄限制，部分古斯塔夫·马勒青年交响乐团的成员无法继续在乐团工作，但他们仍希望保持合作，一个新乐团由此成立——由一些音乐家和阿巴多于1997年共同创立的马勒室内乐团。阿巴多的学生、英国青年指挥家丹尼尔·哈丁常任客座指挥。乐团的首个艺术任务是赴法国普罗旺斯艾克斯演出莫扎特的歌剧《唐乔瓦尼》，由彼得·布鲁克执导，阿巴多与哈丁轮流指挥。马勒室内乐团与创始人阿巴多的关系一直非常密切，后者多年来与乐团合作了多场音乐会和歌剧，并参与包括赴拉美在内的大型巡演。

阿巴多并没有将在青年乐团的工作视为他在顶级乐团常规工作之外的锦上添花，而是视为自己的艺术责任和义务，当作自己投入个人感情后收获的快乐。在漫长的职业生涯中，阿巴多指导了乐团的数百名青年音乐家，对他们施以专业的严谨态度和教书育人的热情，推动他们为成为职业交响乐团演奏家做好准备。

第八章

身兼数职的指挥家

（1972—1985）

你要在生活中尽情地四处看看，

面对其他艺术和科学也要如此。

——罗伯特·舒曼

从米兰到维也纳和伦敦，再到波士顿和纽约——克劳迪奥·阿巴多最终总会回到米兰斯卡拉歌剧院。斯卡拉歌剧院这位年轻的音乐总监在 20 世纪 60 和 70 年代的工作地点与日俱增。阿巴多的艺术好奇心要求更多的活动（及认可），而他的日程也排得满满的。自 70 年代初起，阿巴多日常就在音乐大都市、歌剧院、音乐厅和唱片录音室间奔忙。随着他担任的指挥职位越来越多，他的世界阅历、人生经历及保留曲目不断拓展，对 20 世纪当代音乐的关注也不断加深。

　　此外，阿巴多一直保持着指挥家的"关系范式"：歌剧院或音乐节的音乐总监要指挥一个或多个交响乐团。跟踪阿巴多的工作半径和那些年的安排绝非易事，涉及所有的巡演和音乐会、城市和其乐团、他研究并指挥的作品曲谱等。成倍的工作当然让他在艺术和科学上获益不少，但也大大消耗了他的精力。

　　阿巴多的"漫游岁月"始于他与维也纳爱乐乐团的合作。维也纳国家歌剧院交响乐团改制为维也纳爱乐乐团后，原成员享有极大的自主权，决定不再常设首席指挥，而是任命一个"主要指挥"，这个非正式职务就与时年近 40 岁的米兰人克劳迪奥·阿巴多有了关系。乐团要求他比客座指挥承担更多的在维也纳音乐协会金色大厅的演出任务。阿巴多与乐团的首次合作还要追溯到 1965 年的萨尔茨堡音乐节，当时他指挥了马勒的第二交响曲，效果非常好，人们简直马上就被他的青春热情和优雅给迷住了。之后数年中，阿巴多与维也纳爱乐乐团一起在欧洲、亚洲和美国举办了浩大的巡回音乐会。

70 年代早期，阿巴多还与美国主要乐团波士顿交响乐团有过相对短暂的合作。双方合作录制了德彪西、拉威尔、柴科夫斯基和斯克里亚宾的主要作品。与伦敦交响乐团的缘分则大不相同，阿巴多 1972 年被聘为该团首席客座指挥，七年后接任安德烈·普列文成为首席指挥。1982 年，他成为除音乐总监乔治·索尔第爵士之外的芝加哥交响乐团首席客座指挥。与芝加哥乐团最主要的合作就是录制了彼得·柴科夫斯基及古斯塔夫·马勒的交响曲及巴托克、普罗科菲耶夫等现代古典音乐作曲家的一些重要作品，此外还有肖邦、拉赫玛尼诺夫和门德尔松的协奏曲。

维也纳、伦敦和芝加哥是他音乐工作"第二舞台"的集中体现。阿巴多在斯卡拉歌剧院的音乐总监职位上一直干到 1986 年，在此 20 年里，他率斯卡拉乐团、合唱团和歌唱家们赴维也纳、慕尼黑及伦敦、爱丁堡、柏林和莫斯科举办了多次客座演出，曲目几乎全都是罗西尼和威尔第的歌剧。

阿巴多与维也纳、伦敦和芝加哥以及古斯塔夫·马勒青年交响

旅行中的指挥家在柏林滕普尔霍夫机场

乐团合作录制了多张唱片。1978年，他率上述乐团举办了三次大型巡演，一次是率伦敦交响乐团赴西班牙和德国，一次是率维也纳爱乐乐团赴日本和美国，还有一次是青年交响乐团在欧洲境内的成立纪念巡演。除此之外，已升任维也纳爱乐乐团音乐总监的阿巴多还以客座指挥身份于同年10月与柏林爱乐乐团合作，在维也纳国家歌剧院上演了阿尔班·贝尔格的《沃采克》和朱塞佩·威尔第的《西蒙·博格涅拉》。之后他承接了在萨尔茨堡、琉森及佛罗伦萨和爱丁堡的年度音乐节项目，并且定期以客座指挥身份参加柏林爱乐乐团的演出。

1988 年 1 月 1 日，阿巴多第一次在向全世界转播的镜头面前指挥维也纳爱乐乐团新年音乐会。从事业成功的标准衡量，阿巴多可谓是已经实现了古典音乐的最高目标。像很多与他年纪相仿的音乐家如祖宾·梅塔、伯纳德·海廷克、洛林·马泽尔及卡洛斯·克莱伯一样，他也早已跻身国际音乐界顶尖指挥行列，受到著名的歌剧院和交响乐团邀请。这对其发展条件起到决定性作用，使他的声誉和名望与日俱增。

这些音乐工作是何等繁杂，任务和职位又是何等繁重！克劳迪奥·阿巴多在多个地方和指挥岗位上同时工作，处理事务需要符合艺术和文化政策并克制冲动，让乐团分享他的艺术经验，引导交响乐团保持高水平，拓展媒体影响力及经济收益。歌剧院和交响乐团过去是、现在也是一直致力于与著名指挥家的丰功伟业建立联系。而类似早年的阿尔图罗·托斯卡尼尼、威廉·富特文格勒和赫伯特·冯·卡拉扬，之后的丹尼尔·巴伦博伊姆、祖宾·梅塔和瓦莱里·捷杰耶夫以及近年的长野健、安德里斯·尼尔森斯和帕沃·贾尔维，阿巴多也追求事业多元化，以期尽可能发掘自己的音乐才能，在音乐作品、流派、风格和时代典范中留有自己的一席之地。对阿巴多而言，流于表面的事业和权力远远不如努力增进提升自己的音乐经验。

阿巴多对音乐文本的兴趣源于他对音乐哲学的求知欲。他像个学者一样，酷爱研究总谱的记谱法，牢记于心并付诸指挥。他谨慎地追寻乐谱的新修订版，若是作者手迹问世，他便一定要详加研究。正因为如此，他在 1988 年与欧洲室内乐团合作录制之前，就已经研究了弗朗茨·舒伯特八部交响乐的权威版本；正因为如此，他舍弃常规、采用了阿尔贝托·泽达修订过的乔阿基诺·罗西尼的歌剧版本；也正因为如此，他选择了莫捷斯特·穆索尔斯基《鲍里斯·戈杜诺夫》较为原始的版本，之后还按诺曼·德尔·马尔修订后的新版本指挥演出了路德维希·凡·贝多芬的交响曲。

在闲暇时学习、在音乐厅指挥、在录音室录制、踏上旅途——通过巨大的工作强度，阿巴多在 80 年代积累了丰富的指挥经验，开拓了国际视野，丰富了保留曲目，而依然保留了参与音乐的自发主动。他把罗伯特·舒曼《音乐的居家生活守则》中的一条牢记于心："你要在生活中尽情地四处看看，面对其他艺术和科学也要如此。"在耗尽精力之前，他似乎对损耗风险和身心超负荷的威胁毫无察觉，这也导致了他在 1987 年面临健康风险，警示他必须立即减少工作量。因此他在 1984 年受聘担任维也纳国家歌剧院音乐总监后，看起来很轻松地就放弃了米兰、伦敦和芝加哥的职务；并在 1989 年 10 月初很自然地成为柏林爱乐乐团艺术总监的人选。

第九章

伦敦交响乐团

（1979—1987）

我回想起那些音乐家，他们在
阿巴多指挥演出时热泪盈眶。

——雷诺克斯·麦肯兹

克劳迪奥·阿巴多起先担任伦敦交响乐团首席客座指挥，自1979 年起任首席指挥，这可谓是他在 80 年代除米兰斯卡拉音乐总监和维也纳爱乐乐团指挥外最值得一提的职务了。伦敦是欧洲最大、最重要的"音乐都市"，拥有超过半打的大型交响乐团和大批知名音乐厅、唱片品牌、艺术家中介和电视演播厅，阿巴多在英国首都这个富有传统的交响乐团度过了 12 年的时光。成立于 1904年的伦敦交响乐团曾有过许多著名指挥家担任音乐总监，如阿瑟·尼基什、约瑟夫·克里普斯、皮埃尔·蒙都和伊斯特凡·克尔特斯。阿巴多首次与乐团合作时还只是个 33 岁的指挥新星，之后合作的音乐会也大获成功，推动他于数年后成为乐团的首席客座指挥，并在安德烈·普列文卸任后继任艺术总监。

伦敦交响乐团的许多音乐家都很尊敬这位音乐处理上无比果断，为人又极内敛的意大利人："克劳迪奥就是我们的蛋白质"。乐团董事、双簧管独奏家托尼·卡姆登这样赞扬阿巴多。阿巴多也乐于回敬同样的赞美："伦敦交响乐团很特别。我最珍视的首先就是这里的人际关系。我在这里收获了朋友。"除了米兰斯卡拉歌剧院和维也纳爱乐乐团外，阿巴多还选择在伦敦交响乐团工作的原因就在于，他希望能在这里实现他宏大的交响乐计划，而前两者在规模和魄力上都难以与伦敦交响乐团媲美。他因此于 1983 年开始重点关注当时在伦敦还不为人熟知的维也纳现代派作曲家安东·韦伯恩的作品。这要求他要有抵御多方怀疑的、智慧且戏剧化般的勇气，而结果自然是交口称赞。伦敦听众感受到了这位年轻得令人印象深刻的指挥家对现代派音乐的激情和对韦伯恩由强骤弱、直至无声的音乐语言的热爱，而这些都是阿巴多在维也纳求学时就研究掌握的。一年后，他指挥演出了贝多芬全部交响曲，这次收获的可不仅仅是尊敬了。

令人钦佩的是，1985 年，阿巴多筹划了一个其规模和密度在伦敦无人敢想、更无人敢干的全景规划，要以"马勒、维也纳和 20 世纪"为题在春、秋两个音乐文化节上举行大规模的系列活动。伦敦一批青年听众如痴如醉地追完了音乐会和各项活动。阿巴多半打趣地说："也许，这些年轻人在马勒这儿又重新找到了爱与死这个大主题。" 一个由音乐学家和艺术顾问组成的管理委员会在项目规划阶段就给了阿巴多和被任命为音乐节总监的维也纳音乐会经理汉斯·兰德斯曼很多支持。音乐家规划小组成员、英国音乐评论家、马勒研究者唐纳德·米切尔见证了阿巴多准备时的投入。米切尔忆及"为筹备音乐节碰面时，克劳迪奥·阿巴多讨论中显示出充满智慧的考虑、思想视野和想法"，他称"筹备阶段的克劳迪奥真是个不知疲倦、灵感爆发的搭档"。

1985 年伦敦"马勒、维也纳和 20 世纪"音乐节项目书

在 20 世纪 80 年代，马勒的音乐还不像十几二十年后一般在音乐会界声名远播，公众接受意愿也并不强烈。阿巴多为此倾尽全力，不只利用伦敦交响乐团现有的马勒交响曲和歌曲储备，他想要达成的目的更多，譬如创造协同效应，建立适合介绍马勒的有关维也纳的文化环境，编织那个时代紧密的艺术关系网等等，就像他 30 年前在维也纳求学时所做的那样。他还举办了阿道夫·路斯和青春艺术风格等维也纳现代派建筑师的作品展，展出了古斯塔夫·克里姆特、埃贡·席勒和奥斯卡·科柯施卡的素描和水彩

画以及大批电影。知名散文家埃里希·海勒还做了一场关于 19 世纪末维也纳哲学的演讲。

阿巴多不想将项目办成一个简单的马勒回顾展，而是试图宣传介绍维也纳现代派文化，特别是马勒对勋伯格的第二维也纳学派及后续时代的影响。在伦敦音乐节的项目书上，他详细解释了意图："我们旨在追寻现代音乐的发展足迹，描绘出马勒到维也纳学派及维也纳学派到当代音乐的这段历史，因为很多今天的作曲家正是这一发展的继承人。"关于"马勒的继承人"这方面，阿巴多列举了早期的德米特里·肖斯塔科维奇和本杰明·布里顿、年轻一代的乔治·里盖蒂、皮埃尔·布列兹、卢西亚诺·贝里奥，当然还有路易吉·诺诺、布鲁诺·马德纳、库塔格·捷尔吉、哈里森·伯特威斯尔、沃尔夫冈·里姆及布里安·芬尼豪。他们的音乐都收录进马勒项目，公众可由此感受"一部引人入胜的、流动的音乐发展编年史"。

在音乐节上，阿巴多亲自指挥了马勒第一至第七交响曲及第十交响曲的柔板乐章。他在第一场音乐会上指挥了乔治·里盖蒂于 1967 年创作的交响乐曲《在远方》、阿尔班·贝尔格的小提琴协奏曲和马勒第一交响曲，同样可称典范。马勒第八交响曲由科林·戴维斯爵士在皇家阿尔伯特音乐厅指挥上演，而第九交响乐则由专程赴英的皇家阿姆斯特丹音乐厅乐团在列奥纳德·伯恩斯坦指挥下完成。这个乐团曾于 1920 年在指挥家、马勒作品诠释大师威廉·门格尔贝格指挥下举办了第一个大型的马勒音乐节。通过举办这样一个大型的多学科的伦敦马勒音乐节，阿巴多证明了自己是一个视野开阔、身体力行执行音乐"融合"方针的音乐家，他为音乐节引来了大批专业的参与者。唐纳德·米切尔作为见证人十分确信："阿巴多当然是灵感频出、活力四射并敢于冒险，更不用提他那些值得纪念的音乐会了。"

阿巴多曾率伦敦交响乐团多次在英国境内举行巡回演出。1983 年，他们还赴美国、澳大利亚和日本举行了一场大规模的巡演。伦敦交响乐团这种频繁出行的做法可以追溯到很久之前：早在 1912 年，它就在首席指挥阿瑟·尼基什的带领下成为第一个在北美举行巡演的欧洲乐团；第二年去美国巡演的船票都差不多订好了——正是乘那艘著名的"泰坦尼克号"，但在最后时刻又改期了……

在与伦敦交响乐团合作录制唱片时，阿巴多偏爱现代古典主义的某些特定曲目，如伟大的斯特拉文斯基所作的芭蕾舞剧音乐《火鸟》《彼得鲁什卡》和《春之祭》，与毛里奇奥·波利尼合作的贝拉·巴托克的钢琴协奏曲和他的《神奇的满大人》以及阿尔班·贝尔格和莫里斯·拉威尔的交响乐作品。但阿巴多在 80 年代也与乐团合作录制了费利克斯·门德尔松的五部交响曲，而且在 1970 年前他

在伦敦关于莫扎特的
工作: 鲁道夫·塞尔金(左)
与克劳迪奥·阿巴多

　　就与乐团合作录制了谢尔盖·普罗科菲耶夫的第一、第三交响曲和
组曲《罗密欧与朱丽叶》，以及保罗·欣德密特的《交响变形曲》
和莱奥什·亚纳切克的《小交响曲》。

　　当阿巴多与美籍波希米亚裔的钢琴家鲁道夫·塞尔金于 80 年
代早期共同启动一个大规模的莫扎特项目时，在伦敦引发了广泛
关注。这位 1903 年出生的著名钢琴家早年受教于勋伯格，之后又

受到晚期浪漫主义 - 现代主义大师马克斯·雷格的影响，一直期待与指挥家阿巴多及伦敦交响乐团合作录制莫扎特的所有钢琴协奏曲，但可惜录制未过半，他就因年事已高病倒了。而这次合作留下了一种具有莫扎特风格的微妙思想，充满"历史上熟悉"的腔调，与当时再现的"音乐语言"截然不同。演奏中那庄重的节拍、"讲述"式的断句都显示了鲁道夫·塞尔金清醒的长者智慧。而阿巴多也是他所遇到的最专注的指挥家，完全能够保证发挥出乐团的丰富特性。

阿巴多肯定将与塞尔金的合作视为一堂幸运的莫扎特课，他之后回忆道："他演奏莫扎特作品时相当自如，无关于浪漫或节拍，而是在表达和断句方面。他给了我很大帮助，让我真正了解并崇拜这位作曲家。要正确地处理莫扎特作品中的单纯朴素——而这是何其之难啊！"塞尔金对莫扎特的演绎让阿巴多印象深刻，在他看来那不止是一种魅力："演奏莫扎特的作品就像与一个神童交流。当你能珍视他的睿智，也许就能理解他了。"

当忆及阿巴多对现代主义音乐的促进时，伦敦公众深感欣慰，譬如在 1983 年，阿巴多就推动了一项壮举，由三位指挥家带领三组交响乐队共同演奏卡尔海因兹·施托克豪森的交响乐《群》。阿巴多将这部他多次指挥过的作品与被勋伯格所称赞的"进步者勃拉姆斯"——约翰内斯·勃拉姆斯所主张的动机不断交替变化的交响乐理念联系了起来。在同年的萨尔茨堡音乐节上，阿巴多执棒伦敦交响乐团奉献了两场演出，先是韦伯恩的六首管弦乐作品、莫扎特的协奏曲系列和柏辽兹的《幻想交响曲》，晚上则是勃拉姆斯 d 小调钢琴协奏曲和拉威尔改编的穆索尔斯基的管弦套曲《图画博览会》。

通过阿巴多的努力，伦敦的古典音乐听众也像米兰一样，慢慢熟悉了威尼斯作曲家路易吉·诺诺的作品。1984 年秋，他在威尼斯指挥了路易吉·诺诺的神话听觉悲剧《普罗米修斯》的首演。次年，他在伦敦指挥了诺诺那部充满乌托邦色彩、以一个意大利建筑师名字冠名的交响乐新作品《为卡罗·斯卡帕建筑的无限可能而作》。一个艺术家告别了他的"无限可能"。

阿巴多在伦敦赢得了很高的尊重，乐团同事喜爱他对音乐的热情，匠人般的手艺以及正直持重的为人。乐团董事雷诺克斯·麦肯兹回忆时表示："他在伦敦交响乐团历史上的作用非常重要，的确是个光芒四射的人物。他的音乐会能让人窒息——我记得有的音乐家在阿巴多指挥时热泪盈眶。我们这些在乐团经历了 80 年代的人，满怀敬意和赞赏地怀念他。"

第十章

《在感知的宫殿里》：维也纳国家歌剧院

（1986—1991）

成为维也纳国家歌剧院的总监

……就如同国王加冕。

——埃贡·泽费尔纳

决定担任维也纳国家歌剧院音乐总监一职，对克劳迪奥·阿巴多而言既是怀旧又是挑战：一方面，他能回到自求学时就熟知的这座哈布斯堡王朝旧都；另一方面，意味着他需要在庞大、恋旧、困难、似乎无路可走的维也纳歌剧界掀起一场变革。

作为来自意大利、受过朱塞佩·威尔第音乐学院古典音乐培养的年轻音乐家，阿巴多在 50 年代在维也纳求学时就浸润了 20 世纪现代主义音乐——多亏了当时为管弦乐系授课的著名指挥家汉斯·施瓦洛夫斯基。在施瓦洛夫斯基课上及参观维也纳音乐厅时，阿巴多汲取了从贝多芬到勃拉姆斯、经布鲁克纳和马勒到勋伯格开创、延续至韦伯恩的第二维也纳学派的古典浪漫主义音乐的宝贵遗产。勋伯格学派是战后现代主义和先锋派音乐的起点。对音乐家克劳迪奥·阿巴多而言，维也纳是增进音乐造诣、开拓眼界的学习地，也是他这个艺术之友培养和丰富文化素养的高等学府。

维也纳爱乐乐团自 70 年代起就为指挥家阿巴多提供了一份颇有价值的长期工作合约。1965 年阿巴多 32 岁时在萨尔茨堡与乐团进行了首次合作。在之后的 1971 年，乐团将其擢升为"主要指挥"，每个乐季阿巴多都会在维也纳音乐协会那充满传奇色彩的大厅里指挥数场预订音乐会，一般在周六下午及次日上午，这些票根直到今天还会被当作珍贵的家庭财富代代相传。据统计，截至1991年阿巴多卸任，他在乐团一共指挥了280次，其中包括35场预订音乐会和两场新年音乐会。他还分别于1973、1976年率乐团赴中国、韩国和日本及德国、英国和美国举行客座演出，并分别于1987、1988年率团在日本及法国、德国、意大利和西班牙演出了贝多芬的全套交响曲作品。

1984年3月，阿巴多贡献了他在维也纳国家歌剧院的指挥首秀，上演了由客座导演、米兰人乔治·斯特雷勒执导的朱塞佩·威尔第那部稍显阴郁的《西蒙·博格涅拉》——这也是阿巴多本人除《唐卡洛》之外最偏爱的威尔第的歌剧作品。此时已临近阿巴多在米兰斯卡拉歌剧院任职音乐总监的尾声，不久后他又卸任了伦敦交响乐团艺术总监及芝加哥交响乐团客座指挥。

现在，阿巴多距30年前随汉斯·施瓦洛夫斯基求学后又一次来到了维也纳。与古斯塔夫·马勒于1897至1907年间担任维也纳皇家歌剧院院长和指挥时的情形不同，阿巴多就职不需要再顶着外交压力，而是由当选的院长克劳斯·赫尔穆特·德雷斯直接任命，而且他也是德雷斯心中音乐搭档的不二人选。

长久以来，维也纳国家歌剧院在音乐界乃至情绪化严重的媒体和公众面前都是至高艺术标准和声名显赫的代表，被视为一座稳定但充斥着极端化的艺术水平争论、文化权谋和投机的场所。谣言和阴谋的"蛇穴"、"弹射座椅"这种针对院长职位的形容在这里已是司空见惯。面对建设性意见或毁谤性批评，面对暴躁的公众、媒体和利用官方拨款掌握话语权的党派政治之间的利益冲突，院长和音乐总监能做的只是提供可能的抨击和项目平台。剧院管理层中抵制维也纳文化传统和创新的感觉和错觉日益增强。马勒研究学者、维也纳专家、巴黎人亨利 - 路易斯•德•拉•格兰奇曾引用维也纳前院长埃贡•泽费尔纳的话，说"维也纳国家歌剧院的历任院长……多多少少殊途同归：他们被一个城市、差不多也是一个国家的人民又爱又恨。他们被王冠加冕，但也被视作戴了一顶滑稽高帽。当沐浴在成功的阳光中时他们肆意生长，一旦不在其位就会在厌弃中枯萎。只有极少数——他们必须熟知维也纳人心理——的退役之路保持了体面"。克劳迪奥•阿巴多在经历了上任伊始的狂喜之后，如同那些曾在维也纳国家歌剧院执棒的前辈——特别是从古斯塔夫•马勒、理查•施特劳斯和布鲁诺•瓦尔特直到赫伯特•冯•卡拉扬、卡尔•伯姆和洛林•马泽尔等身兼院长和音乐总监双重领导职务的指挥家，强烈感受到了类似的维也纳的矛盾精神。

"南部的上帝"，古斯塔夫•马勒曾以这样的高度称誉维也纳皇家歌剧院院长一职，并为此动用全欧洲的外交手段全力以赴争取。1897 年，他获得了渴望已久的权力，成为首席总监及院长。10 年后他放弃了这一职位。德雷斯和阿巴多的前任、著名美国指挥家洛林·马泽尔也因双重压力和自负败北，于 1984 年，即上任仅两年后就不得不离开。马泽尔当时推动维也纳国家歌剧院进行范式转移，因为他意图通过缩短乐季之间的休息期来取代传统中每日更换节目单的所谓"保留剧目系统"做法。政府、媒体和公众都对此嗤之以鼻，马泽尔只好放弃了。

克劳迪奥·阿巴多与维也纳歌剧院的合同从 1984 年开始，作为已当选的院长克劳斯·赫尔穆特·德雷斯的理想人选，他面临的环境还是很舒适的。德雷斯生于 1922 年，是位经验丰富的德国戏剧导演，之前曾任苏黎世歌剧院院长，他希望在维也纳只与一位艺术创意新颖的指挥家结成音乐上的工作搭档。他出身文学世家，为人高贵又富有学识。他对阿巴多可谓一见倾心，在之后的描述中表示，他在苏黎世时曾观看过阿巴多指挥的《唐卡洛》、《麦克白》和《罗恩格林》首演，因此于 1984 年 3 月与阿巴多这位未来的音乐总监在维也纳萨赫酒店会面时就马上被他吸引了："他就像我想象中一样，如此的朴实无华、实事求是。"

德雷斯很清楚阿巴多的艺术水准，明白为什么无论如何也要挖他到维也纳歌剧院："阿巴多谈了很多他着迷的事，譬如在第一家歌剧院牺牲了很多安排去做服务青年的音乐工作。他与朋友路易吉·诺诺为意大利新音乐并肩战斗。他很重视厅堂之外的实验，对维也纳的兴趣就在于这里开放了向东方的边界，他可以建立许多联系。而这么一个不满足于墨守成规地开展职业生涯的指挥家，恰恰也是维也纳所需要的。"一年后，德雷斯也了解了阿巴多的不足："他完全生活在音乐中，音乐就是他生活的内容和动力，他的灵感和良知。日常琐事不是他的菜，他会直接丢给当政者。他只对重大的文化政治路线感兴趣，以百倍热情投入到他的规划中，不计成本地要立即实现。这就是他的个性。"

克劳斯·赫尔穆特·德雷斯在黯然挥别维也纳后出版了《在感知的宫殿里》一书，副标题则定为"经历和揭秘维也纳歌剧院院长"。书中他以日记体形式回顾了他的维也纳歌剧院院长生涯，登台和谢幕、利益和诡计、权力游戏和表面浮华，所有这些在艺术光辉之外也最终决定了维也纳国家歌剧院的历史。这里看起来从来就不曾远离政治、文化、流言蜚语及媒体和公众意见的是是非非。书中详细叙述了德雷斯和阿巴多在这里的五年中（1986—1991）经历的艺术成败以及与文化政治的争斗。值得注意的是，二人都踌躇满志，要将传统上音乐与戏剧并行的维也纳国家歌剧院改造成适应时代、富有吸引力的现代音乐剧院，将歌剧作为一种"综合艺术"进行展现。当然，维也纳的歌剧受众自古养成的以歌唱主角为中心的艺术兴趣和文化需求可不会正好沿着他们预想的方向发展。而维也纳媒体多数时候——经常相当无情地——自视为持批判态度的对立方。维也纳日益充斥着艺术对抗和不满气氛。

1985 年 11 月底，维也纳国家歌剧院新任领导团队召开了新闻发布会，以宣告今后五年的规划路线，但未来将面对的压力此时已暗流涌动。阿巴多因其内敛的性格安静地坐在克劳斯·赫尔穆特·德雷斯身旁，后者就增加德国、意大利、法国和斯拉夫剧目及现代歌剧和芭蕾剧等计划宣布了六条"项目路径"。德雷斯在书中披露："克劳迪奥·阿巴多保持缄默。他的兴趣在别处，只是重复表示音乐就是他的语言。"但也拜德雷斯记录下的媒体问题所赐，阿巴多对维也纳媒体的狂热情绪有了初步印象："谁将指导《尼伯龙根的指环》？怎么安排克莱伯和穆蒂？您将为青少年做些什么？这些都是大热的问题——首当其冲的则是'您就不害怕很快在维也纳就遭到冷遇吗？'阿巴多答道：'害怕可建不起好剧场。'"维也纳时事评论员和音乐剧编剧洛萨·克内塞尔曾颇有远见地预见了即将迎来的阿巴多歌剧时代，在他看来这位指挥家"很难以维也纳人赞誉的思维方式开启这段职业生涯，实际上他根本不想这样，而且信心十足地摒弃了这种方式"。时光流逝，阿巴多在维也纳愈来愈坚定地追寻他的艺术目标，将歌剧计划和文化政治革新联系起来。

起初，阿巴多对国家歌剧院的乐队状况一定是感觉相当不错，但实际上，这个之前选择他作为主要指挥的扩大版的维也纳爱乐乐团此时已陷入低谷。维也纳爱乐乐团那柔弱的音乐审美和群体敏感的自信对阿巴多来说再熟悉不过了。早在 50 年代求学期间，他就在布鲁诺·瓦尔特、赫伯特·冯·卡拉扬、约瑟夫·克里普斯、乔治·赛尔和赫尔曼·舍尔欣等指挥大家身旁领略过了。当时他还关注过刚起步的历史"古乐"研究，彼时尚年轻的尼古拉斯·哈农库特和他的维也纳音乐协奏团也因此震惊了音乐界。哈农库特不限古乐的音乐绝对创新也成了阿巴多个人音乐的特色。

在克劳斯·赫尔穆特·德雷斯印象中，早在 1984 年秋季与他会面商签合同时，阿巴多具体的理念和愿望就已经成形了："钱和时间都不是问题，只有一个附加条件：他希望在任期内拥有对演员和指挥家的艺术优先选择权，预防在维也纳经常出现的'表演最大'的问题。作为音乐总监，他首要关心的是他的演出节目和他的指挥本身。除此之外他还很重视为歌剧院邀请最好的指挥人才，譬如卡洛斯·克莱伯、小泽征尔、祖宾·梅塔、尼古拉斯·哈农库特、科林·戴维斯，丹尼尔·巴伦博伊姆等等，导演则有乔治·斯特雷勒、帕特里斯·夏侯、吕克·邦迪、彼得·斯坦、鲁道夫·诺尔特，当然还有最重要的——让 - 皮埃尔·庞内尔。"

"现代维也纳"

　　在放弃了米兰、伦敦和芝加哥乐团的职位后，阿巴多顿感轻松，果断接下了赴维也纳国家歌剧院的工作。直至 1991 年的五年间，他总共在位于环形大道的这座音乐大厦里指挥了约 150 场演出，其中 11 场首演。他与维也纳的音乐生活感情有多密切，由他 1987 年宣布担任新设立的维也纳市音乐总监一职就可见一斑。在此期间，阿巴多一往无前，从不回头留恋这座城市曾引以为傲的音乐传统。秉承面向未来的宗旨，他于 1988 年组织了多学科的维也纳现代音乐节，命名为"现代维也纳"。

　　阿巴多把在维也纳推动现代主义音乐和 20 世纪新音乐上演看作一种艺术和历史使命，这也是他数十年间在米兰、维也纳、伦敦和芝加哥以及后来的柏林一以贯之的。他一定优先考虑新创建一个维也纳现代音乐节，演奏当代先锋实验派和 20 世纪早期现代主义音乐作品，为年轻一代的受众上演独一无二的节目。阿巴多及其同事们激起了维也纳机构和政客，尤其是市长及音乐厅里的专家和热情的公众对这个项目的怒火，克劳斯·赫尔穆特·德雷斯称之为"反音乐节运动"："维也纳所有能动员起来的知识分子都参与了。"对阿巴多而言，"现代维也纳"还有一层社会责任和道德信条，他希望"不要沉溺于过去，那样只会压制我们的创造力。因此我们必须传递给今天的音乐家一种感觉，即他们要为活生生的观众作曲，而不是局限在条条框框里……"维也纳的艺术家和文化机构受邀为音乐节引入各种不同的艺术门类，如音乐、文学、建筑、造型艺术和电影艺术等。克劳斯·赫尔穆特·德雷斯观察到："关心现代音乐变成了一种时髦。"

1988 年 10 月，"现代维也纳"开幕。对阿巴多而言，头等大事乃是上演还在世的大作曲家的作品，包括皮埃尔·布列兹、路易吉·诺诺、乔治·里盖蒂和当时还默默无闻的库塔格·捷尔吉。沃尔夫冈·里姆则作为年轻一代的代表受邀。开幕式音乐会上，阿巴多指挥维也纳爱乐乐团上演了阿尔班·贝尔格的表现主义的《三首管弦乐曲》、乔治·利盖蒂的微复调音乐代表作《大气》、威尼斯朋友路易吉·诺诺的《爱之歌》和沃尔夫冈·里姆那部首次上演的，为阿蒂尔·兰波诗文谱曲、包括混声合唱团、朗诵团和 22 位演员的短剧《出发》。其间召开的主题为"理念、意识形态和事实"的学术交流会上，公众对照主题进行了自我验证。1989 年的音乐节确定了以卡尔海因茨·施托克豪森作品为主，辅以意大利作曲家布鲁诺、奥地利作曲家弗里德里希·策尔哈和俄罗斯作曲家索菲亚·古拜杜丽娜的作品。1990 年的核心人物则是意大利作曲家卢西亚诺·贝里奥、美国作曲家艾略特·卡特和波兰作曲家维托德·鲁托斯拉夫斯基。1991 年，阿巴多始创了一个几乎容纳所有音乐流派的国际作曲大赛。

就在将要告别维也纳的 1991 年，在举办现代音乐节之外，阿巴多受到启发，要与以奥利弗·维西安、哈里森·伯特威斯尔和阿尔弗雷德·施尼特凯为首的作曲家举办一个视觉布局的展览——安德烈·塔可夫斯基艺术节。1983 年，阿巴多曾在伦敦皇家歌剧院与这位俄罗斯电影艺术家兼导演合作，将莫捷斯特·穆索尔斯基的音乐戏剧《鲍里斯·戈杜诺夫》重新搬上舞台。三年后，他就结束了离开苏联的流亡生涯，在巴黎逝世，享年 54 岁。在艺术节上，阿巴多证明了"展示安德烈·塔可夫斯基这位我们这个时代著名人物——导演、诗人、哲学家、画家等等——在艺术上的综合遗产"终于可行了："能与他在唯一一部他导演的歌剧《鲍里斯·戈杜诺夫》中合作，真是我莫大的幸运。"

塔可夫斯基的《诗学逻辑》让阿巴多深深着迷，两人因此结下友情。在伦敦合作上演《鲍里斯·戈杜诺夫》时，阿巴多首先想到的，就是竭力说服塔可夫斯基，将其执导的电影《安德烈·卢夫廖夫》中大钟的画面用到这部歌剧里。因此在穆索尔斯基这部关于沙皇的悲剧中，大钟被作为统治权和人民灾难的暗喻。阿巴多在伦敦首演八年后，又将塔可夫斯基版的《鲍里斯·戈杜诺夫》借艺术节之际搬上维也纳国家歌剧院的舞台，令他大受好评。作为对塔可夫斯基导演艺术的评论，阿巴多在维也纳音乐协会大厅指挥上演了由贝亚特·福瑞、库塔格·捷尔吉和路易吉·诺诺的作品《缅怀安德烈·塔可夫斯基》。艺术节以这位导演的电影为中心，还举办了题为《从爱森斯坦到塔可夫斯基》的展览及专题研讨会。阿巴多自从 1989 年 10 月任职柏林爱乐乐团艺术总监后七年里，缺席了他一手创办的维也纳现代音乐节。

节目编排设计

自 1986 年上任以来，克劳迪奥·阿巴多和克劳斯·赫尔穆特·德雷斯这驾维也纳国家歌剧院的双驾马车就面临一项挑战和风险：传统歌剧院的剧目拓展和精神内核。"宁缺毋滥"是阿巴多演出计划的座右铭。在歌剧舞台上为观众奉献"多而不杂"的剧目、保持他的保留剧目的稳定性和"忠诚度"是他早在米兰斯卡拉歌剧院时就确立的准则。但维也纳的传统文化在很多方面已经退化成对传统的僵化迷信，古斯塔夫·马勒对此曾有个一针见血的妙语："剧院的'传统'就是对舒舒服服和懒懒散散的客气说法。"基本上，阿巴多想继承发展的正是马勒所开启的，正如维也纳音乐评论家保罗·斯蒂芬在马勒逝世 10 年后总结的那样："马勒的成就有二，一是在音乐上，二是在舞台上，他都是完美无缺的。他的'艺术节理念'成了后来所有院长的指导思想。"

事实上，德雷斯和阿巴多设想过将维也纳国家歌剧院改成某种形式的"艺术节"，打造一个拥有古典和浪漫主义保留剧目，又兼有现代主义音乐和已失传的古乐的音乐和舞台通谱的音乐剧院。罗西尼的《兰斯之旅》、舒伯特的《费拉布拉斯》，以及穆索尔斯基的《霍万兴纳》等珍品得到挖掘上演也正是他这一演出计划政策的优秀例证。然而，一个有争议的问题让当时维也纳国家歌剧院颇为揪心：到底是应该像以剧团和保留剧目为核心的维也纳传统歌剧院那样，每天上演不同的剧目，还是像赫伯特·冯·卡拉扬鼓吹的那样，设置演出季和休息季，上演相对少的剧目？这个问题也摆在院长德雷斯和音乐总监阿巴多面前，他们推动出台了一个两种做法的折中形式，即"半演出季"形式。

阿巴多对维也纳歌剧院艺术上的自我认知远远超出了他的指挥工作，将歌剧"综合艺术化"，推动歌剧中的乐队、演唱、念白、舞蹈、导演、布景和建筑、作曲、演奏等各组成部分的融合才是他最关心的。他也因此力求与导演保持密切沟通。"他多次强调，从排练、甚至是舞台搭建，一开始就参与其中，对他而言是非常重要的"。克劳斯·赫尔穆特·德雷斯的回忆记录下了阿巴多对歌剧艺术完整性的理解，他总是与排练的艺术家们待在一起，以便直接交流："我需要与乐队排练，也需要与演员走场排练，因为那样我就能熟知演唱者的缺陷和独特之处，可以和他们一起呼吸感受……在布景工作中我能仔细研究作品，我总是把总谱摆在面前，以便为导演讲解演奏过程，避免错误，正确展现舞台上的时长。每每演出一个好制作，我们——包括助理和提词员——都像一个家庭一样共同成长，我们本着同一种精神，那就是作曲家的精神。"阿巴多力图在歌剧演出中使所有元素相互渗透："布景、服装、导演、舞蹈和音乐，所有都应融为一体……排练是一切有责任心的艺术工作的核心。"

维也纳有过格外强调的"音乐剧院"——由出生于维也纳的瓦尔特·费森斯坦把这个概念擢升到美学教义的高度，成为柏林喜歌剧院自 1947 年以来的经营准则。阿巴多想要与负责歌剧戏剧化的导演合作，如吕克·邦迪导演过《唐卡洛》，乔纳森·米勒导演过《费加罗的婚礼》，哈里·库普弗导演过理查·施特劳斯的《埃莱克特拉》。让-皮埃尔·庞内尔更新了他对罗西尼《意大利女郎在阿尔及尔》的米兰执导版本。而吕克·邦迪与阿巴多合作完成了此前在维也纳从未上演过的罗西尼的歌剧《兰斯之旅》并大受好评，两位艺术家此前已在意大利佩萨罗罗西尼艺术节上联袂奉献过该剧。阿巴多还与阿道夫·德雷森合作了阿尔班·贝尔格的《沃采克》。

阿巴多还在米兰斯卡拉歌剧院任音乐总监时，就发觉两部早期的现代主义音乐作品，克劳德·德彪西的抒情心理剧《佩利亚斯与梅丽桑德》和阿尔班·贝尔格的《沃采克》有相近之处。自孩提时起，德彪西就是他心中的"作曲圣手"。阿巴多完全沉浸在这部由莫里斯·梅特林克的象征性童话改编的歌剧，沉浸在这一对爱侣秘密的寻爱之旅中，沉浸在他们的恐惧、无望的苦痛中。1986年5月，当他以德彪西音乐节和歌剧《佩利亚斯与梅丽桑德》作为斯卡拉歌剧院告别演出时，这部作品对他而言就具有了更深层次的意义。在他1988年6月在维也纳国家歌剧院指挥上演由米兰人安东尼·维塔尔执导的《佩利亚斯与梅丽桑德》时，也同样如此。

1991年，阿巴多以阿尔班·贝尔格的《沃采克》作为对维也纳国家歌剧院的告别之作。在内心深处，他对这部歌剧深深认同。他指挥得十分仔细，就像处理室内乐一般敏感小心，将其中的音乐关联展现得淋漓尽致。早在1971年，阿巴多就曾在米兰斯卡拉歌剧院指挥过这部《沃采克》，六年后又在同地指挥上演了卢卡·隆柯尼的新编版本。1987 年，经过重新编排后的《沃采克》亮相维也纳国家歌剧院，东德导演阿道夫·德雷森展现了这部社会剧围绕在战士和凶手沃采克身边的那种愚笨的"穷人"气息。一位维也纳观察家认为该剧展现了一种"清醒专注和梦境的混合体"，阿巴多指挥得极其成功，"他手势中有种独特的富有弹性的紧张状态，好像整个过程都忘记了呼吸似的，当最后一个小节结束后，他才彻底摆脱似的松了口气"。阿巴多在柏林、琉森和博洛尼亚曾多次指挥过阿尔班·贝尔格的作品，尤其是他的小提琴协奏曲和《三首管弦乐曲》（作品 6 号）。1997 年，他还与柏林爱乐乐团合作，以音乐会形式演出了《沃采克》。

1988、1989 两年，克劳迪奥·阿巴多给音乐之都维也纳注入了特别强的活力。维也纳爱乐乐团首次邀请他执棒在全球进行电视转播、富有传奇色彩的新年音乐会。阿巴多带来了巨大惊喜：第一次指挥奏响了约翰·施特劳斯的《蝙蝠》序曲，随即是优雅的维也纳华尔兹和少有的奥地利 - 意大利波尔卡，紧接着是阿巴多精心准备的大餐——施特劳斯改编自威尔第歌剧《假面舞会》旋律的《假面舞会四对舞》（作品 272 号）。而之后施特劳斯圆舞曲（作品 443 号）的优美曲调，同样令听众颇感震惊或惊奇。

克劳迪奥·阿巴多指挥 1988 年度维也纳爱乐乐团新年音乐会

阿巴多与俄罗斯文化特别是穆索尔斯基音乐的深厚渊源，推动了极少上演的五幕音乐民间剧《霍万兴纳》于 1989 年 1 月在维也纳首次亮相。该剧讲述了 1685 年前后俄罗斯的国家和宗教危机以及引发的彼得大帝登基前的致命的权力真空。穆索尔斯基为这部历史大剧创作了总谱，但并没有完成，而是由之后的作曲家在其身后补充改编。该剧在维也纳国家歌剧院上演时，由埃里奇·旺德设计的布景展现出一副古拉格群岛惨象，阿尔弗雷德·基什内尔的导演中政治化意味浓厚，强有力的合唱团和出色的演唱家也为演出增色不少。

阿巴多披露了他是如何始终坚持追寻歌剧的真实形象并将《霍万兴纳》搬上舞台的："迄今为止，《霍万兴纳》上演时采用的既不是里姆斯基 - 柯萨科夫的修订版，也不是肖斯塔科维奇的器乐版。里姆斯基 - 柯萨科夫的文本虽颇有才气，但却相当自我，譬如终章总是又喧闹又夸张，这与穆索尔斯基的风格相悖。此外，他还把新形式的和弦当成错误给修正了……在维也纳歌剧院上演时，我们力图逐本溯源，回到穆索尔斯基的原始版本。"这也涉及歌剧结尾的特性和动力："穆索尔斯基原拟创作的歌剧终章应该是安静渐止的，但两位修订者都没有遵循作者这个本意。"阿巴多采用了伊戈尔·斯特拉文斯基于 1913 年受巴黎芭蕾舞团经理谢尔盖·佳吉列夫之托、由穆索尔斯基的歌剧动机完善而成的版本。院长德雷斯称赞阿巴多指挥的《霍万兴纳》是一部旧俄罗斯真实的神话史："克劳迪奥·阿巴多指挥起来信心十足，这部作品已经成了他的信条。我们经历了与我们直接相关的一部歌剧的创造过程。"对阿巴多而言，《霍万兴纳》意义非凡，他之后还在柏林爱乐乐团指挥过该作品的音乐会版。

阿巴多的"歌剧考古"吸引了维也纳公众的关注。为了给歌剧专家们一个惊喜，他指挥上演了由米兰人卢卡·隆柯尼导演、从未在维也纳演出过的乔阿基诺·罗西尼轻喜剧《兰斯之旅》。1988 年，他又带给维也纳另一个惊喜——上演了弗朗茨·舒伯特那部被视为

露丝·伯格豪斯执导的舒伯特歌剧《费拉布拉斯》场景（1988，维也纳国家歌剧院）

败笔的《费拉布拉斯》。这部三幕英雄浪漫主义歌剧创作于 1823 年，迄今仍是大型舞台不愿触碰的作品。这部剧也让阿巴多与侧重惊人布景和深层次表演的东德导演露丝·伯格豪斯首次结缘。她主张将狂野情节的政治内涵彻底暴露在舞台上，这种对待社会问题的心理态度让阿巴多感觉与自己很契合。伯格豪斯自己概述了情节："这部歌剧讲述了五个年轻人爱情和友情的故事。他们出身于相互敌对的不同家庭和阶层。因此他们的唯一联系就是战争——祖国与祖国间危险的渡桥。但祖国内部也有战争，即父子、父女之间的战争。孩子们最终出走了。"

在维也纳剧院上演的这部作品又唤起了人们对"已遗忘"的舒伯特歌剧的注意，也引发了对阿巴多发掘旧作的勇气和演出的高水平的钦佩——值得一提的是，此次演出由欧洲室内乐团代替维也纳爱乐乐团伴奏。在其后的乐季里，该剧在维也纳国家歌剧院上演。

"在维也纳的弗朗茨·舒伯特"对阿巴多而言是个非常特别的题目。初到维也纳伊始，他就下决心要完成舒伯特全部八部交响曲的录制，但不是与维也纳爱乐乐团合作、而是像演出《费拉布拉斯》一样与欧洲室内乐团合作。整个录音跨度超过一年，分别收录了他在维也纳、西班牙瓦伦西亚和伦敦的音乐会现场。阿巴多也为此引入了基于舒伯特手稿的演奏新版本，他还曾专门就此做过校勘："只要稍稍一瞥保存了大批舒伯特手稿的音乐之友协会档案馆就知道，不学习了解手稿和印刷本之间的偏差有多大，我就根本无法录制他的交响乐。"舒伯特早期交响乐的演奏阵容不大，阿巴多的指挥精准地呈现了原有的分句、节奏和动力，洋溢着优雅的旋律笔法和魅力十足的自然感知。阿巴多带给听众的正是一种维也纳音乐和生活的艺术感受。

梅开二度

在维也纳国家歌剧院任音乐总监期间，刚与加布里埃拉·坎塔卢比结束第二段婚姻的阿巴多遇到了年轻的俄罗斯小提琴家维多利亚·穆洛娃，并对她深有好感。这位时年25岁的国际知名小提琴家与阿巴多的关系维持了五年，在她还在莫斯科求学时曾赴米兰斯卡拉歌剧院进行巡回演出，在那里初次结识了指挥家阿巴多，一见钟情，而后在维也纳与他相恋。而当1990年穆洛娃有孕后，这段关系走到尽头，因为阿巴多的生活已被音乐规划、指挥工作和旅途填满，不相信还能担负再为人夫的责任。这对爱侣忍痛分手了。

维多利亚·穆洛娃后来在一次谈话中向伦敦采访者爱娃·玛利亚·查普曼倾诉了这段恋情的开始、柔情蜜意以及存在的问题，并在2012年出版了《从俄罗斯到爱》一书。其子米沙·穆洛夫-阿巴多（即克劳迪奥·阿巴多的第四个孩子）生于1991年1月31日，如今已成长为一位爵士贝斯手、作曲家和乐曲改编者。他曾略带幽默地描写了与其父——那个"不算家庭成员"的有限几次颇为矛盾的会面："就好像我见到的是个疏远的大伯,而不是我的父亲。"阿巴多每月寄去抚养费。维多利亚和其子只与克劳迪奥·阿巴多的姐姐露西安娜保持来往。

因为赴东京的巡回演出是阿巴多、柏林爱乐乐团和维多利亚·穆洛娃早就约定好的,所以在这场勃拉姆斯小提琴协奏曲音乐会上,正如小提琴家彼得·布雷姆所描写那样,二人彼此相处"完全职业化":"她拉小提琴,阿巴多指挥。一切都再正常不过,也许除了一个小插曲——排练时观众席第五排坐着保姆和婴儿,也就是穆洛娃和阿巴多的那个孩子。我不记得他向那边瞥过一眼。直到那孩子到了青春期,他们之间才有了联系。"

直到 2011 年,维多利亚·穆洛娃才与罹患癌症大病初愈的阿巴多重逢,并留下了一个动人的时刻。她虽然早觅他人,但在伦敦犹豫良久后,还是决定在阿巴多与琉森节日乐团在皇家节日大厅的演出结束后到休息室去探望他。时年 20 岁的米沙陪母亲一同前往:"我知道,母亲想在音乐会后带我一起去探望他,这似乎也是这么多年后他们首次相逢。直到现在我才清楚地认识到,这对他意味着什么。我也开始明白,这对我自己意味着什么,首先是因为我直到现在也从未见过他们两人在一起过。"

当维多利亚·穆洛娃踏进阿巴多的休息室时,所有的不安都放下了。一见到她，克劳迪奥立即眼睛发亮。他们紧紧拥抱，维多利亚眼泪直打转。据她说，这是"我生命中最神奇和有意义的时刻之一，过去 20 年的苦痛怨恨都消融在其中，一切都释然了"。

告别维也纳

克劳迪奥·阿巴多在维也纳国家歌剧院的五年时光（1986—1991）被称为"丰硕之年"。阿巴多在这座由克劳斯·赫尔穆特·德雷斯以职权、热情和心机统帅的歌剧院度过的时光，为这里带来了早该完成的，通往一个贴近时代、摒弃古旧传统的布景和诠释审美的、现代音乐剧院的"连接点"。维也纳歌剧受众则得到了一个虽还存在一些保留剧目的老做法和漏洞，但充满艺术氛围和张力的音乐剧院，一个被公众和媒体或赞同或批判，或狂热或敌对的剧院。回顾阿巴多对维也纳的贡献，除了指挥国家歌剧院演出外，还包括与综合乐团进行的各项巡演，譬如与维也纳爱乐乐团在欧洲及赴亚洲和美国的巡演，当然还有成立"现代维也纳"音乐节和古斯塔夫·马勒青年交响乐团，以及两次指挥维也纳爱乐乐团新年音乐会。

但再多的成绩和收益、突破和创新也无法阻止克劳迪奥·阿巴多和克劳斯·赫尔穆特·德雷斯在维也纳的任期内陷入棘手的艺术和文化政治困境。对臆想中维也纳歌剧院院长的"无限权力"的公开误解暗流涌动，正如德雷斯早在因有人提交了反对阿巴多的提案而举行第一次歌剧院商谈时就意识到的，按提案所说，"聘请音乐总监原本就很荒谬，因为这会赶走其他负有盛名的指挥家。而国家歌剧院是个有声誉的地方，因此绝不容许有排外性存在……对其他人来说，阿巴多被视为共产党人和雅各宾派。'他根本不适合维也纳'。"这位未来的国家歌剧院院长在上任之前很早就得出了结论："诡计罗织已经开始了。"

与过分依赖艺术家直觉的克劳迪奥·阿巴多不同，克劳斯·赫尔穆特·德雷斯认为必须要洞察维也纳文化政策的行为模式："不能相信任何人，但内心深处要保持自信，这就是生活的艺术——尤其是在维也纳。"德雷斯深切体会到了因担任国家歌剧院院长而在维也纳承受的这种感觉，维也纳是一个让敏感的人"随时间能培养出对阴谋和其背景的预见性"的城市。只有这样，他才能记录下他始于媒体，终于政治的权力架空过程和关联。这也会让他不由自主地去揣测其中的社会心理动机："大多数维也纳人总想要点与现在截然不同的，所以他们永不满足。"这一点上也解释了那些"嫉妒、诡计和令人作呕的诽谤"的缘由，即外国人和知识分子特别可能沦为"欺诈毁谤的牺牲品"。

德雷斯和阿巴多在维也纳失败的原因其实并不在此。要是人们关注一下，当他们于1986年在维也纳国家歌剧院上任时，生性固执的德国知识分子导演克劳斯·派曼也担任了维也纳城堡剧院院长，那么对维也纳市民－保守阶级圈子针对担任奥地利首都两座最重要的文化机构首脑的这两位德国"进步"人士所产生的反感和厌恶就会毫不惊讶，更遑论一个同情"左倾"政治的意大利音乐总监了。20年后，有人从歌剧院角轻描淡写地总结了德雷斯在维也纳失败的原因："要说真正跟他犯冲的，其实是维也纳的人性……首先在与媒体打交道时，德雷斯真不总是一帆风顺，因此当他合同不能续签时，他就失望地离开了。"

克劳斯·赫尔穆特·德雷斯自视为一个牺牲品。他与阿巴多在维也纳的五年间和四任文化部长打过交道，他们迥异的文化政策和影响导致了相当的不确定性。他们只从市长赫尔穆特·齐尔克处获得过同情和不打折扣的财政拨款。然而，奥地利文化部长、社会党员希尔德·豪利茨克强令持续减少对国家歌剧院的财政拨款，导致了丧失公众信任的后果。而维也纳的市民媒体则习惯于遇到演唱阵容与宣传不一致就自己臆想为是节目单出错或出于让知名艺术家坐冷板凳的恶意，并对之类的事情冷嘲热讽。

1991 年，德雷斯和阿巴多为纪念莫扎特逝世 200 周年而举办的国家歌剧院莫扎特作品系列专场中采用了音乐和舞台并重的方式，已经初步暴露了艺术上的危机迹象。阿巴多在整个庆典周里"仅仅"在附近的维也纳剧院指挥了《唐乔瓦尼》和《费加罗的婚礼》的首演。而尼古拉斯·哈农库特则干脆愤怒地拒绝了演出邀请，因为他在维也纳深感被无视了："我只想按我认为正确的方式来做音乐，也只想做给志同道合的听众听。"德雷斯这样记录下哈农库特对维也纳新闻界颇带苦涩的声明。维也纳的媒体大肆批评了哈农库特的音乐观、他对莫扎特形象粗暴的创新以及他对莫扎特戏剧作品音乐语言化的推动等，这让他十分不满："我不能、也不想满足那些只有在这儿才存在的先入为主的成见。要是人们对音乐毫无期待和好奇，那我也就没啥什么好提供的了。"阿巴多自己与维也纳爱乐乐团的关系也不复从前，逐步失去了他们的新鲜感和期望的愉悦感，指挥家个人态度产生拐点后，已熟悉他原有习惯的乐团看来似乎不再能跟上他的节拍了。

对这位国家歌剧院院长工作及其个人的歧视早在 1988 年就导致了时任文化部长没有批准他续签将在 1991 年到期的合同。内心震惊的克劳斯·赫尔穆特·德雷斯于是赶赴萨尔茨堡，向年迈的赫伯特·冯·卡拉扬讨教对策。在这位生于萨尔茨堡、心思缜密的卡拉扬这里，德雷斯获得了迥异于音乐之都维也纳的认可："也许只有维也纳人担任的院长才能让这个城市满意……"德雷斯在国家歌剧院的继任者依次是上任后数月就去世的歌唱家爱博哈德·华希特和负责演员事务的共同经理人伊万·霍伦德。针对职位轮换的形式要求，两家维也纳歌剧院做出了结构改革，即大一些的国家歌剧院与小一些的人民歌剧院合并，但是这只持续了很短时间。

在德雷斯续约失败风波后，克劳迪奥·阿巴多发现自己陷入了两难境遇。一方面他相信可以与新任命的国家歌剧院院长妥协，继续担任音乐总监，另一方面他对德雷斯显然只能胆怯地敷衍了事：阿巴多 1988 年 10 月就向德雷斯痛苦地承认，"他被俘获了——直到 1997 年"。阿巴多与德雷斯的继任者华希特达成了暂时的一致："他被允许指挥他想指挥的作品，为演出安排演员阵容，并保留他的演出计划。但他实际上什么都不信……要是他的要求不被满足，那他早就走了。"德雷斯对阿巴多失望了："克劳迪奥为了继续在维也纳做音乐而屈服了。他忍受着那些他原本无论如何也不愿一起共事的人，并向新的领导层献上了他们迫切需要的荣光。"

当阿巴多在赫伯特·冯·卡拉扬逝世后，于 1989 年 10 月初（卡拉扬逝世于 1989 年 7 月 16 日）被选举任命为柏林爱乐乐团首席指挥，他在维也纳的困境就迎刃而解了。阿巴多的职业前景突然彻底改变了：他完全被柏林爱乐乐团的选举所震惊，他被拿来与洛林·马泽尔相提并论，身在维也纳的克劳斯·赫尔穆特·德雷斯如此写道："我对克劳迪奥表示衷心祝贺。正当维也纳批评家把他贬为二流指挥时，柏林的音乐家认识到了真正的功臣。"但阿巴多在维也纳国家歌剧院的音乐总监任期还有两年。就在柏林爱乐乐团选举后，阿巴多随即率维也纳国家歌剧院赴日本举行巡演，上演了罗西尼的《兰斯之旅》和贝尔格的《沃采克》。

　　如果对克劳斯·赫尔穆特·德雷斯和克劳迪奥·阿巴多在维也纳国家歌剧院的领导工作做个总结的话，必然包括工作的复杂性和与维也纳文化公众间充满批判，甚至时常带有猜疑的交流——所有这些都是这座自信的歌剧城市一心守护传统、自以为必须铲除一切"入侵者"的矛盾体现。这个城市虽然愿意鼓吹舞台艺术家的卓越表现，但也乐于将不可避免，但其实无伤大雅的失误或尝试打上必然失败的印记。

　　阿巴多以现代音乐《沃采克》作别了维也纳国家歌剧院。阿尔班·贝尔格的歌剧就是"阿巴多自己的作品"，克劳斯·赫尔穆特·德雷斯在剧院领导包厢内发出了深思，"在首演大概四年后，乐团能像演奏《魔笛》一般演奏得这么出色和自然，而且赋予了这部作品柔和的维也纳音色，让它更加尽善尽美。克劳迪奥指挥《沃采克》不似他人——他与舞台共生"。演出结束后，德雷斯继续写道，"许多人拥抱他，感谢与他共度的、精力和创新方面难以超越的这五年"。阿巴多在维也纳总共指挥了15部歌剧，其中威尔第和罗西尼的作品各三部，莫扎特两部，瓦格纳一部以及两部法国、一部俄罗斯歌剧和三部 20 世纪作品。演出后，阿巴多还对与国家歌剧院和维也纳爱乐乐团合作录制唱片及十多场电视转播音乐会表示感谢。德雷斯总结道，这位指挥家总共奉献了一本保留剧目，"这对一个意图突破国家传统限制而成为'全欧洲'的音乐家来说"，是很典型的。德雷斯和阿巴多以"好伙伴和好朋友"的身份告别，阿巴多最后朝他呼喊："我不会久留了，只是还需要完成《鲍里斯·戈杜诺夫》。柏林现在对我来说更重要。"

对克劳迪奥·阿巴多而言，维也纳国家歌剧院音乐总监一职意味着他重归求学时那些熟悉的座位，终究也是他在歌剧院领导工作的事业顶峰和终点，但也不过是同时不再承担其他更多机构和乐团的责任而已。柏林爱乐乐团的选举开启了他对一个城市深刻认同的时代及艺术上的精进时期。改制成基金会之前仍以乐团自诩的柏林爱乐乐团，肯定期待这位新任首席指挥带来一个指挥家所必需的——征服，或者更好一些——吸引。这是一个乐团和其受众的关注所在。

第十一章

柏林爱乐乐团（上）

（1989—1998）

这是一个相当自豪的乐团。

——约翰·德拉蒙德

"乐团对其传统和声誉相当自负,对柏林在德国文化中的地位和这个城市的新生特别引以为傲。它认为柏林生活相当集中,与同样拥有乐团的伦敦、巴黎和纽约生活方式截然不同。"两德统一 10 年后,英国音乐经纪人约翰•德拉蒙德如此评论柏林爱乐乐团及其经历了柏林墙倒塌和赫伯特•冯•卡拉扬逝世等事件后日益增强的自信心。

　　克劳迪奥•阿巴多于 1989 年 10 月 8 日当选为柏林爱乐乐团首席指挥这件事,对乐团而言可不只是一个例行的职务任命,还意味着乐团终于突破交响乐传统的力量向前迈出了一步。新首席指挥与其前任赫伯特•冯•卡拉扬不同,其音乐家、指挥和同代人的身份体现出一种新类型的乐团领导层,主要地讲当然有三个方面:阿巴多在米兰、维也纳、伦敦和芝加哥的大型乐团积累了作为指挥家的丰富的音乐经验;他掌握了一整套从莫扎特和贝多芬到马勒和斯特拉文斯基的古典 - 浪漫 - 现代"核心剧目";因有多次唱片录制经历,他与录音媒体工业建立了良好的联系。

　　当然还有更多的观察角度,譬如阿巴多对 20 世纪音乐的开放态度,他对文学、诗歌、电影和造型艺术的偏爱;他与青年交响乐团间的深度合作，在维也纳举办过的"维也纳现代音乐节"，对意大利社会事件和"左倾"知识分子的偏向，此外还有对泛滥的所谓指挥和明星"名家气派"的反感等。柏林爱乐乐团选中了一位富有经验、充满灵感又鼓舞人心、具有现代意识和崭新理念的指挥家，他身为意大利人同时也是一个致力于促进多方面文化开放的欧洲人。而这也恰好符合柏林爱乐乐团筹划良久的"欧洲音乐会"的初衷，这一音乐会计划每年5月1日在各欧洲大国轮流举行，以通过音乐向收看实况转播的亿万观众加深欧洲一体化的观念。在阿巴多指挥下，第一届欧洲音乐会于1991年5月1日在布拉格举行。

柏林爱乐乐团及其指挥们

　　由一支乐队成长而来的柏林爱乐乐团成立于1882年，在选举任命阿巴多之前只经历了四任首席指挥，且每位任期都相当长，但他们彼此在艺术和性格上都迥然不同：第一位是瓦格纳和勃拉姆斯的忠实密友、天才汉斯·冯·比罗，其后是优雅的创新者和

现代完美主义者阿瑟·尼基什，第三位是晚期浪漫主义风格，其音乐深植于哲学思想的威廉·富特文格勒，其继任者是将乐团引入完美的声音美学的音乐会和录音世界的赫伯特·冯·卡拉扬。

阿巴多自 1966 年起就已经定期以客座指挥身份与柏林爱乐乐团进行合作了，他与乐团的关系众所周知。而乐团和威廉·富特文格勒在悲惨矛盾的"第三帝国"那段历史也算引人注目。富特文格勒和被称为"帝国交响乐团"的柏林爱乐乐团承担了充当国家门面和纳粹宣传工作的责任，但幸亏富特文格勒的大无畏的执着才保住了独立地位，并对全面兼并进行了一定程度上的抵抗。

富特文格勒的继任者赫伯特·冯·卡拉扬来自奥地利，曾在乌尔姆和亚琛执棒，并两度加入纳粹党。当富特文格勒于 1954 年逝世后，柏林爱乐乐团没有理会卡拉扬政治上名誉扫地的纳粹历史，而是将其视为一位活力四射、世界闻名的现代音乐家和适应时代的交响乐战略家。战后，年轻、经验匮乏但天赋极高的罗马尼亚指挥家暂时接管乐团。在许多人记忆中，他的任命就是德国战败后，富特文格勒于 1952 年从瑞士流亡归来前那段引发轰动的过渡时间里利用一个固执的天才艺术家搞的一次起义。切利比达克原本寄望于成为富特文格勒的后任，于是在卡拉扬当选后就愤懑地离开了柏林。

克劳迪奥·阿巴多算是乐团的第五任——如果算上切利比达克

的话就是第六任音乐总监，但就职年龄比历任前任都大。阿巴多在柏林涉足的可是一片传统悠久的领域：富特文格勒和卡拉扬总共执掌乐团 67 年，两位指挥家的精神面貌和音乐特色在乐团仍有余荫。

赫伯特·冯·卡拉扬于 1989 年 7 月 16 日以 81 岁高龄在出生地萨尔茨堡逝世，但其在柏林的最后时光已被他与乐团间渐长的龃龉所磨灭。究其缘由，乃是卡拉扬自以为身为首席指挥有权聘用单簧管演奏家萨宾娜·梅耶，但其他音乐家担心失去独立性和他们的协同决策权，故而反对，梅耶只好离开。这引得卡拉扬大怒，直到他逝世，一直与乐团若即若离。

在执掌乐团的几十年里，卡拉扬成功地使柏林爱乐乐团成为音乐厅及唱片界里美妙音乐艺术的代名词。他获得了"欧洲总指挥"这样一个毁誉参半的称号，因其借助美国经纪人的帮助，在相当长一段时间内统揽了维也纳、米兰、柏林和萨尔茨堡等古典音乐大都会的指挥席位。当阿巴多来到柏林时，柏林爱乐乐团还笼罩在卡拉扬的形象威力和意志战略下惴惴不安。音乐家们将他们的举世成功和兴旺发达也归功于"卡拉扬时代"，这也使得任命一个截然不同类型的指挥家担任首席指挥这件事更加令人讶异了。

选举

1989 年 10 月 8 日星期日，柏林爱乐乐团的音乐家们聚集在柏林兰克威泽西门子别墅，选举 1933 年出生的米兰指挥家克劳迪奥·阿巴多成为新任艺术总监。选举之后不久就发生了 11 月 9 日德国历史上的重要转折点——1961 年由东德修建的、就在西柏林乐团驻地附近的柏林墙倒塌了。可以说，克劳迪奥·阿巴多在柏林爱乐乐团的时光从一开始就留下了柏林墙开放、东西柏林结束分裂及消除历史造成的两德分裂问题的烙印。

国际音乐界对这位时年 56 岁的指挥家的任命感到十分讶异，因为克劳迪奥·阿巴多本不在正式的卡拉扬继任候选人名单上，这个名单包括洛林·马泽尔、祖宾·梅塔、小泽征尔、伯纳德·海廷克、丹尼尔·巴伦博伊姆和詹姆斯·莱文，且选举模式也够让人吃惊的：乐团音乐家只通过一轮自由、秘密的选举就确定了他们的首席指挥，而这时各大音乐会经理处已配合乐团做好相应调整了。

阿巴多曾多次提到，这一民主选举对他在柏林的艺术合法化地位意义重大。他是由乐团音乐家，而非文化政治主管机关任命，"这对指挥家而言是本质问题。我不受他人好恶左右，我是通过自由选举当选的，这其中没有任何外界干扰，只是取决于艺术方面的考虑。"对这位 1986 年上任的维也纳国家歌剧院音乐总监而言，柏林在某种程度上标志着个人的解放和其艺术前景的新生。柏林选举也使他摆脱了维也纳国家歌剧院音乐总监任上危机四伏、终致几无前途可言的困境。而大都市柏林则正相反，无论是德国"转折期"后新的政治局势还是厚重的历史、多彩的文化、城市的多样性以及最重要的，柏林爱乐乐团刚经历了悲惨时代的结束和赫伯特·冯·卡拉扬的去世，这些因素都为他华丽转身、完成彻底的蜕变开创了独一无二的机会。

乐团的乐手们陷入了一种很不适应的自我怀疑境地。"阿巴多是在柏林爱乐乐团极其困难的时候担任首席指挥的"，大提琴演奏家格次·托伊什回顾 1989 年全年时这样表示："赫伯特·冯·卡拉扬生命垂危，与乐团的关系又相当疏离，导致我们有种感觉，乐团实际上是在靠财产过活。而阿巴多在日常工作中带来的首先就是安宁和秩序。"正是阿巴多为明星指挥家所鄙视的内敛、和蔼以及平和交流的能力，为他在乐团乐手那里迅速博得了信赖可靠的美誉。

长久以来阿巴多就担任柏林爱乐乐团的客座指挥，自 1966 年首次登台后共与乐团合作过三十多次。乐团几乎是最后一刻才通报任命阿巴多的决定——1989 年 9 月中的那两场艺术节音乐会应该起了决定性作用，音乐会演出的是约翰内斯·勃拉姆斯的第三交响曲、与毛里奇奥·波利尼合作的罗伯特·舒曼的钢琴协奏曲及勃拉姆斯根据荷尔德林诗作谱写的、由合唱团和管弦乐队共同演出的《命运之歌》。

阿巴多征服柏林爱乐乐团的正是其演奏时的投入忘我，其毫无保留的艺术情感和生动的感染力显然也是乐团乐手们决策中最看重的。低音提琴演奏家克劳斯·施托尔如是回忆道，他们寻找的是一个"实事求是工作的人。我们多少都有些担心，是否真能找到这么一位指挥家"。而在音乐响起时的热忱和激情就如魔法一般在柏林，也许之前在米兰、伦敦、芝加哥和纽约很多次都被验证并视作阿巴多艺术形象的标志。大提琴独奏家乔治·弗斯特试图解释这位指挥家的本真："阿巴多保守秘密的方式就是最大限度地公开。当我跟他在一起时这种感觉尤其强烈，即他完全活在当下，处在当下，完全敞开心胸，完全专注集中。"也许曾与阿巴多并肩工作的古斯塔夫·马勒青年交响乐团大提琴演奏家茜茜·施密特胡贝尔特讲得更深入："其他指挥家在音乐会上相对矜持，不像他这样肢体上全情投入。阿巴多总给我一种感觉，他确实付出所有并热爱音乐，指挥时他好似想要与我们一同演奏似的。"

但阿巴多却十分清醒，他曾简要地提及自己的指挥方式并指出工作的核心要义："指挥家其实是个协调者。"

柏林爱乐乐团首席指挥——其名头和地位因乐团历史和历任指挥个人的缘故在音乐界有特别的"品质保证"。阿巴多获选也证实了柏林爱乐乐团内部指挥更替间的戏剧性的对比。卡拉扬和阿巴多这两位艺术特色迥异的指挥家相继就职，却显示出一种引人注目的一致。因为米兰指挥家阿巴多艺术成长道路上所经历的欧洲大都会，如米兰、伦敦、维也纳、柏林、萨尔茨堡、琉森等，都曾是来自萨尔茨堡的指挥家赫伯特·冯·卡拉扬炫技的舞台。就在那里，这两位年龄相距25年的指挥家都实现了他们的艺术目标和理想。

阿巴多深感自己无法承继卡拉扬在柏林留下的遗产。两位指挥家的艺术气质在基础和方向上截然不同。阿巴多从一开始就想以一种相反的策略去征服柏林爱乐乐团及古典音乐界，小心谨慎但又大刀阔斧地推动这个审美传统和经济基础都极优越的乐团在艺术上进一步拓展，以带领艺术家们在柏林竖起开放和深化的旗帜。

乐手们从第一次乐团排练起就明白，这种一直延续到20世纪80年代、风行全球的"指挥家至上"原则对阿巴多毫无意义。早在米兰斯卡拉歌剧院、伦敦交响乐团及维也纳国家歌剧院任音乐总监时，他就摒弃了这种托斯卡尼尼和卡拉扬式所谓的"音乐大师模式"，谨慎地避免出现指挥家一家独大和自我风格化等问题。换言之，他为乐手们提供了一种基于民主的艺术家关系和阿巴多力图成为一个与整个乐团"共同演奏"的指挥家和这个群体的领头羊。

因此阿巴多的信条就是："对权威夸夸其谈的人，反而没有权威。指挥家不应独裁专断，必须学会与其他艺术家共处。"他年少时在米兰目睹过阿尔图罗·托斯卡尼尼排练，这位著名的音乐大师盛怒时凌虐乐手的画面给他幼小的心灵所带来的的创伤一直令他仍记忆犹新。自控和反权威成了阿巴多的行为准则："我尊重乐团的乐手，他们也同样报以尊敬，这是最关键的。这样他们谈到指挥家时才不会像谈论老板一样——这也是我所深感厌恶的。"

在首席指挥位置上的争名夺利、媒体面前的风光无限、音乐市场上的丰厚利润——这个行业成功路上的方法和运作机制似乎于阿巴多而言都兴趣缺缺。作为一个音乐人，他更着迷的是研究乐谱和文本、共同排练以及演奏时音乐自身可待挖掘的财富和多样性。因此，他既不倾向于托斯卡尼尼的音乐圆满论，也不倾向于卡拉扬完善后的音乐审美论。他惊叹他们手工作业般的才能，敬佩他们的人格，但真正征服他的只有柏林爱乐乐团的前任威廉·富特文格勒。富特文格勒于 1930 年在柏林时就留意到时任斯卡拉歌剧院客座指挥的托斯卡尼尼及对他的舆论反响，并记录下了他对当时已成主流的"迷信明星指挥家"这一行为的看法："以指挥超人自居的人，不是'着迷了'就是'被暗示了'或实事求是说，不是被当成驯兽师就是雄性交际花，反正是觉得自己和公众都无比重要。"

对 90 年代的某些柏林爱乐乐团团员来说，阿巴多摒弃指挥家的霸权形象，从某种角度上说也造成了不安和冲击，因为传统熟悉的音乐交流方式似乎也一并被抛弃了。阿巴多理想的合作关系是在乐团乐手相互倾听的音乐合作中建立平和但有决定作用的领导模式，他在室内乐排练时尝试过的这种模式，乃是他自孩提起就追寻的音乐本真的乐园。克劳斯·施托尔被阿巴多的音乐追求所震惊："极少人会追求音乐的真实和作品演绎的深入。克劳迪奥·阿巴多就是这极少数中成功的一位。"当时还很年轻的双簧管独奏家阿尔布莱希特·迈耶之后也确认，他正是通过这位指挥家达到了艺术上的成熟境界："克劳迪奥·阿巴多一直在改变我的音乐世界，也一直在刷新我对与指挥家 / 大师与所谓的'演奏员'之间关系的认知。"

这位柏林爱乐乐团的新指挥通过指尖上传递的感觉，将乐团及其受众引入了 20 世纪现代音乐和在世的先锋音乐作曲家这个新世界。因此在 1989 年 12 月 16 日举行的当选后第一场音乐会上，除舒伯特的《未完成交响曲》和马勒第一交响曲外，阿巴多还指挥演出了时年 37 岁的沃尔夫冈·里姆的交响乐作品《破晓》。人尽皆知，阿巴多在柏林一手创建了一批青年交响乐团。再往前看，阿巴多这位威尼斯作曲家、共产党员路易吉·诺诺和政治敏感的钢琴家毛里奇奥·波利尼的好友，自70年代起就同情意大利的左派知识分子，但却避免了被他们的阶级斗争口号和目标所同化。

阿巴多在柏林爱乐乐团的自身经历让其继任西蒙·拉特铭记在心，当拉特的首席指挥即将任满时他总结道："这是个相当难以指挥的乐团。"拉特在其2017年5月举行的最后一场柏林乐季新闻发布会上所作的上述判断，乃是柏林爱乐乐团历任首席指挥的共同心声。对克劳迪奥·阿巴多来说，与这么一个自主思考和决策的乐团共事并取得丰硕成果绝非易事。但关系问题也带来了深化联系的机会。

无论个人或集体都是高标准、高效率的柏林爱乐乐团，过去是、现在也是一个艺术水平高、理智又富有进取心的乐团。西蒙·拉特从一开始就知道，就像前任阿巴多证实的那样："乐团的个人化倾向——人人为己、乐手抱团——比以往时候更严重。没有哪个乐团能达到这个程度，他们这方面的能力真让人窒息，我甚至都感到头晕目眩。"

但阿巴多在其就任仪式的乐团大会上还是让乐手们吃了一惊：他不愿以"大师"的身份被认定或谈及，"我是克劳迪奥，没有任何头衔！"只希望展开音乐方面的合作。新任首席指挥要求大家待他以同事，这让他们这段逾10年的合作关系口碑甚是不错。乐团成员马上就感觉到，漠不关心或小团体主义都不被允许。这种合作关系的实质也并不会减弱艺术总监的权威或消除指挥家和乐团成员实际存在的地位落差。

这种交流方式在其他任何指挥家那里，尤其是赫伯特·冯·卡拉扬处都是不可想象的。某些习惯了唯命是从的乐手，对待阿巴多的率直反而不知所措。但他们明白，阿巴多前后历任意志强硬的指挥家即使在迎合妥协时与这个极其自负的乐团的关系也存在潜在的紧张，约翰·德拉蒙德曾对柏林爱乐乐团的这个"首席指挥问题"做过精辟的总结："西蒙像阿巴多一样，习惯了将其意志贯彻到底。"

在柏林的第一年

1989年秋天，一支摄影团队计划将克劳迪奥·阿巴多当选为柏林爱乐乐团首席指挥之后相关的柏林场所和事件拍成纪录片，场景包括"新人"抵达柏林泰格尔机场、代团长乌尔里希·埃克哈特陪同驱车赶赴柏林墙附近的汉斯·夏隆设计的柏林爱乐乐团音乐厅、第一次踏进卡拉扬那间可俯瞰东柏林和波茨坦广场的首席指挥办公室、与乐团成员自当选后首次会面及首次排练等。在这部名为《新生——克劳迪奥·阿巴多与柏林爱乐乐团》的电影中，56岁的阿巴多保持了他近乎"孩子气"的形象、好奇心和不拘小节。从他的行为中可绝对看不出，这个刚获得德国最盛名乐团首席指挥位置的人已由此一跃成为全欧洲最有"权势"的音乐家了。

而阿巴多则展现了另外一幅场景，他面色冷峻，在阴霾中瑟瑟发抖，良久伫立在柏林墙边，对这昔日的西柏林岛和曾经的"民主德国首都"的今日政治现实若有所思。一个月前，这座修建于1961年东西方冷战铁幕下的柏林墙倒塌了，猝然改变了柏林的现实。这里曾是两个敌对世界多年以来的分界线。柏林墙不期而至的倒塌让这个已担任柏林爱乐乐团客座指挥数年的音乐家再一次惊愕了：新的情况显得那么不真实，"就像命运的联结，不，是个奇迹。"俄罗斯大提琴家姆斯蒂斯拉夫·罗斯特洛波维奇不久前曾在墙边上演了一曲活生生的音乐纪念碑——约翰·塞巴斯蒂安·巴赫的音乐。

阿巴多的心思始终在音乐上：贝多芬、勃拉姆斯和马勒要是在这里的话，会怎么呼吸？听起来又是什么效果？或许维也纳留给他的印象是困境和失败的人际关系，他对新乐团热情洋溢、信心满满："在柏林，我发现与所有音乐家并肩工作的精神非常重要，要力争在音乐会中营造这种友爱关系。"但阿巴多对与柏林的艺术家间的联系也并非充满幻想："这种关系当然非常特别，也并非易事。对待乐手，尤其是维也纳和柏林爱乐乐团这种演奏员和独奏家众多、个性各异的乐团尤其需要心理学知识和充分的理解。在乐团中指挥必须学会协调一切，而这可不容易。"

影片中还再现了柏林市文化委员安克·马丁尼在第一次新闻发布会上欢迎这位新任首席指挥的场景。阿巴多对当选的第一反应是："我有两分钟都无法呼吸了。"他也坦诚回答了记者对他这位"伟大的指挥家"的提问："伟大的指挥家？所有这些华丽的词儿我都不喜欢。"他同样也不愿别人将"大师"的名号加之于己。就在马勒第一交响曲排练前，乐团董事会在柏林爱乐乐团音乐厅舞台上表达了对这位"新人"的欢迎，并解释了指挥任命与柏林墙骤然倒塌之间的关联："为我们乐团新选出一位首席指挥是历史性的一刻……我们当时还不知晓，11 月 9 日会在世界进程中成为更重要的一天。"

这位新任艺术总监的第一次乐团排练曲目是马勒的第一交响曲。阿巴多的专注和镇定自若显然给乐手们留下了深刻印象。他们排练了包含低音提琴奏出的"雅各布兄弟"旋律和其戏谑性变奏的第三乐章"不要缓慢，庄重而威严地"，团员脸上都现出满意的表情。之后是暴躁的终章。在这胜利的终章中，八人铜管组突然如接到命令般崛起，习惯似的笔直站立奏出旋律中赞美诗般

与柏林爱乐乐团的首次排练（1989）

的乐句。阿巴多迷惑地望向铜管组方向，摇摇头，哈哈大笑又敲敲指挥台，毫无愠色地告知他们："这么演奏在马勒时代是很美的，但我相信在如今已经太过时了。"其他的乐手咧嘴大笑起来，他们接受了这温和但不绕圈子的一课。乐团成员感觉在阿巴多那儿受到的与其说是批评，不如说是被以同事般的口吻认真对待。一位乐手过后还记得："不光是指挥的时候，光他在场就能让音乐打上个人烙印。能感觉到整个作品都有他个人特点，这可是非常难得的。"低音提琴演奏家彼得·里格尔鲍尔总结了对指挥家的希望和可能性："我们期待着阿巴多能为现代音乐完成乐团内新人与老人、青年与长者之间的整合。"不久之后大家愉快地坐在乐团餐厅里，阿巴多与他们打成一片，放松地交谈。看起来他已经成了他们其中的一员了。

排练风格和音乐理想：沿着威廉·富特文格勒的足迹

乐团排练之于舞台上的音乐家，就如准绳之于工匠、指挥家的战略之于其创作强度一般。指挥家个人的直观和分析能力、引导和意志力强度、专制或开放的人格形象、实用思想和情感行为看起来似乎可被辨识似的。能达成一致当然以语言为主交流，也伴随着对手势和眼神的理解。前提则是乐团成员愿意服从指挥家，接受他关于总谱和音乐的介绍。指挥必须将其承受音乐张力关系的精力也传导至乐团成员，最好通过他"不可抵挡"的个性魅力和创作欲来感染他们。

阿巴多排练的走向与众不同。他既不像那些喜欢对乐谱"解构"又"结构"的指挥家，也不像那些大谈文化背景、定义风格时代的指挥家，更不像那些一味追求个人理解和感觉的指挥家。阿巴多在

90 年代初在柏林排练

排练中大部分时间话并不多，被评价为作"沉默寡言"，他尽量避免对作曲家展开解读，也拒绝进行美学教育。阿巴多倚仗的乃是牢牢记在心里的乐谱。很多时候，他话不多说，而会不停顿地吟唱那些较长的音乐段落，以便从听觉上确认效果、更好地掌握乐谱这个更贴近作品本意的元素，提出音强、分段、连音或断音、节奏、强调重点及始终困扰乐团的，因建筑声学而导致的不断变化的音乐平衡等细节方面的修正建议。

影片中追忆了阿巴多在柏林爱乐乐团空荡荡的音乐厅里举行的上午排练及排练间歇：阿巴多不像很多老一辈一样发号施令——最明显的当属托斯卡尼尼，他只是提出改善建议，以求修正错误。

但对那些并不成功的情况，流亡美国的著名指挥家布鲁诺·瓦尔特曾在排练时对乐团成员耳语过一句著名的抱怨套话，大概也可能是阿巴多对排练的叹息："我并不开心。"

阿巴多用眼睛指挥，用手臂塑造音乐，他安静地大幅飞旋着臂膀，右手提示节奏和韵律，特别"会说话"的左手则是为表现重音、音乐层次变化和情绪服务。特别在其晚年，即世纪之交阿巴多的创造艺术——一种将音乐过程和逻辑逐渐明朗化的音乐创造哲学开始贴近威廉·富特文格勒晚年的自白："我总是以'变化'而非'存在'为出发点……对我而言，音乐永没有完备的一刻，从第一个小节开始它就在发展变化，而且它一旦被演奏出来，后续所有的都必须按逻辑发展，节奏也是如此。"

埃利亚斯·卡内蒂在其著作《群众与权力》中所描绘的那种绝对权威的指挥家形象，从未受到阿巴多的认可。这更适合老一辈的指挥家，如专制型的阿尔图罗·托斯卡尼尼、列奥波德·斯托科夫斯基，富有学识的匈牙利君主型的乔治·赛尔、弗里茨·莱纳，追求唯美音色的赫伯特·冯·卡拉扬、严格捍卫音乐结构的皮埃尔·布列兹、米歇尔·基伦以及"音乐语言"先驱尼古拉斯·哈农库特。卡内蒂认为，指挥家的形象和影响带有一种对专制的暗示，因此没有什么比指挥家的行为能"更直观的描述权力"了，因为他"关注一切、统领一切"，对音乐厅的听众而言，他就是"领袖"。

但克劳迪奥·阿巴多不是这样的。

这位内向的音乐家阿巴多在带领乐团排练时语调温和、轻声细语、实事求是，既精准又自信。演出时则对音乐和乐团全神贯注，完全没有出个人风头那一套。在阿巴多的排练中，团员们听到的往往是"如果……就太棒了"或是"要是……就更好了"。据那位敏感的传奇指挥同仁卡洛斯·克莱伯观察，他可以一整天都只说片语。克莱伯曾在 70 和 80 年代拜访过阿巴多，并借机聆听了他与乐团的排练。克莱伯对阿巴多在维也纳的一些排练印象极其深刻，以至于过后仍记忆犹新："克劳迪奥的用语非常简洁。在一次舒伯特交响曲的排练中，他对效果并不满意，他只敲敲指挥台，问了一个词：'为什么？'多余的话一句没有。没什么比这一个词更清楚的了。"

引人注意的是，一个米兰出生的指挥家，其艺术偶像居然不是伟大的同乡阿尔图罗·托斯卡尼尼，而是德国人威廉·富特文格勒。年少时，他亲身感受过两位指挥家的排练和演出现场。阿巴多深知，为什么富特文格勒会成为他完美音乐表现的化身。他确信，指挥家的技术虽然是这份"职业的基石"，但"意义并不大。怎么把作品更好地消化吸收并加以内化，加强对作品的了解，这才是最重要的。富特文格勒或是伯姆是怎么指挥的，指挥得清晰吗？美吗？而他们真的对每个作品都深入研究过了。正所谓要深度挖掘，也就是在每个作品中都发现新意，不给自己设限，在每次演出中都是这样，常挖常新。当谁以为自己已经对这部作品了如指掌了，那就是他迷失的时刻了。"阿巴多对威廉·富特文格勒的倾慕源自其早年的倾听经历，从中了解了富特文格勒展示音乐深层次的能力和深思熟虑下对音乐表达和比例的"富式直觉"——相对于阿尔图罗·托斯卡尼尼，其狂热拥趸西奥多·阿多诺将其称之为"富特文格勒式的现实性"："富特文格勒最大的优势在于赋予了乐团音乐意义，而不是向其反面代表托斯卡尼尼那样，单纯把按部就班的演奏当成通往音乐世界的理想途径。"

时任柏林爱乐乐团艺术总监的富特文格勒，曾在 1930 年聆听了托斯卡尼尼在柏林爱乐客座指挥的海顿交响曲《钟》和贝多芬的《莱奥诺拉序曲》第三号。通过富特文格勒对托斯卡尼尼指挥的观察分析，可以更好地理解阿巴多对他的共鸣："长远看，他那点天真的歌剧音乐鉴赏力完全不能理解在纯音乐、特别是贝多芬的音乐中占据特别地位的转调的功能作用。但除此之外，最短的起奏也比纯音乐更缺乏精神和心理的贯穿力。"富特文格勒还听了托斯卡尼尼指挥的贝多芬英雄交响曲，并深深地惊骇于后者"对这么一部纯交响乐、这么一个有机体、一个脱胎于前人旋律、韵律及和谐教育而生长的活生生的有机体的表达诉求所表现出的那种陌生和幼稚的无知"。

阿巴多终生都以富特文格勒的音乐处理方式为基础诠释自己"不断发展的"音乐创作和理解，这就很容易理解，为什么对他而言，乐团排练只是为了达到更好的音乐会效果而做的理智准备和必要前提，不承担其他义务。阿巴多言简意赅的"排练技巧"也与富特文格勒极为相似。富特文格勒的晚年旅伴、音乐家卡拉·赫克曾这样描述他的排练现场："富特文格勒对乐团的口头指示惜字如金，没有废话。很明显，指示全都跟音乐技能相关，譬如拉弦手法、音强、延长符号的时长等等。但那种敏锐的音乐感觉是贯穿始终的，所涉及的包括独唱的伴奏、布鲁克纳作品弦乐片段的合唱式乐句及其他基本元素细节，这些都必须与乐团敲定。富式的创作是源于整体的，而非对每个十六分音符都面面俱到，这也是他音乐处理的基本特质。"

倾听音乐，是阿巴多对所谓"正确"处理音乐的核心关切。在与柏林爱乐乐团进行排练时，他认为最重要的也是鼓励团员认真对待，有分析地倾听多重器乐和其中蕴含的音色关系。特别是在音乐开始前后、过程中和结束后的回音中倾听静音，涉及阿巴多亲身体验了路易吉·诺诺作品中音乐内外的静音后所燃起的好奇心和热情，这也推动他在指挥席上的音乐创作——最不寻常的当属诺诺那部植根于听力边界的声音史诗《普罗米修斯》。约翰·凯奇那句诡计多端的祝福语"新耳快乐！"似乎也可以作为阿巴多的格言。但柏林爱乐乐团的新任首席指挥还必须祈祷获得这种听觉幸运。

阿巴多异于其前任卡拉扬的排练方式引得乐团成员吃惊不已，在乐团内部引发热议。小提琴部一位资深成员彼得·布雷姆描述了排练经过及后续："很多次进行片段排练时，他明明对作品已经熟知超过 40 年了，也清楚哪个音符或小节于他而言特别重要。但他坐在指挥台前凝视着乐谱，似乎这辈子从没见过似的，好像根本不知道还有这么一部作品！他试试这儿，弄弄那儿，经常也不给我们明确的指令。"阿巴多的内向和沉默寡言归因于对指示或命令等指挥习惯的抗拒，他看起来奉行费利克斯·门德尔松那一套语言怀疑论，因为"与正确的音乐相比，语言对我来说太多义、太含混不清、太分歧重重了，而音乐则能用比言语好千百倍的东西填满心灵"。

阿巴多甚至允许柏林爱乐乐团的团员们直接向其发问，"有时我们不知道还有什么可以帮忙的，就直接发问：'嗨，我们现在该做什么？这么干还是那么干？'然后他瞪着那双大眼睛，像个孩子似的看着我们，犹豫不决地定下来：'请这样做吧'。"部分音乐家表现出艺术上的关切："这会导致什么后果呢？排练成这样，晚上的演出怎么办呀？但奇迹发生了：排练奏效了……甭管事实上还是看起来，上午排练时的不确定因素到了晚上就无影

无踪了。通过平静的、很是优雅的方式，他将关注和激情注入指挥中，因此各种怀疑就被吹散了。"在演出中，甚至富有经验的乐团成员也被阿巴多所吸引："也许这就是他的方式，这种迟疑、这种反复斟酌、这种换一种可能性的思考和倾听，全都是为了一个目的，在晚上的演出中创造一个最绚丽的音乐世界。"

　　柏林爱乐乐团的大多数团员都能适应阿巴多的排练方式，但有些人觉得张力不够并感到失望。两位资深的团员对新任首席指挥和他的排练方式提出了友善的批评，"我们认识了阿巴多，"其中一位表明，"我们也认识了他的工作风格。他做事不声不响，前提当然是我们知晓一切，因此排练就会相当舒服，也许比某些人希望的更舒服。"另一位补充道："这让我想起那段旧时光，我指的是相当久远的富特文格勒时代。那时我们坐在前面的椅子上，每次排练就是一场音乐会，对每个人都有要求。阿巴多在排练中安静得出奇，而演出则非常精彩。"在柏林爱乐乐团成员记忆里，当音乐会开始那一刻，阿巴多积蓄的张力就开始滋生、增长、浓缩，仿佛要爆发一样，牢牢征服了听众。

大提琴家戈茨·特伊奇曾试图解开阿巴多的"秘密"，发现他排练中的冷静自持和演出中的生机活力之间的关系："克劳迪奥·阿巴多是属于夜晚的指挥家，"他回忆道，"他引导乐团按他的方式行进，但却没有给成员们哪怕一秒钟的被强制领导的感觉。这种带着乐团一起飞翔的能力是非比寻常的。"

"柏林音乐下"

"转折"之后的柏林也许是文化上最具爆炸性的城市，也可能是最具"音乐性"的——一个曾经分裂、现在统一的国际大都市拥有三个大型歌剧院、超过半打的大型交响乐团和数以千计的

音乐及文化从业者。柏林的爆发也伴随着阿巴多才华的爆发——当然是适度且不自负的。

"我的工作可以这么形容：就是与其他人一起共同演奏音乐。我不可能凭一己之力就实现音乐语言。"克劳迪奥·阿巴多的音乐语言就是一个统一的"我们"和"一起"，一起向听众展示音乐和社会现实。他的这一工作特点兴起于柏林，而柏林统一和柏林墙的倒塌最终也是许多人"一起"和平抵抗的结果。一个月前，阿巴多刚获得柏林爱乐乐团任命，而就在历史性的"转折"之后五个星期，他临时受命指挥了两场音乐会。《柏林晨报》的音乐评论家克劳斯·盖特尔将 1989 年 12 月 16 日举行的这场音乐会——其中阿巴多指挥了舒伯特、里姆和马勒的作品——称为一次加冕："加冕音乐会举行了……凭一曲马勒第一交响曲，乐团为阿巴多奏响了欢迎乐。" 沃尔夫冈·伯德则在《法兰克福汇报》上流露出新任首席指挥带给他的震撼："克劳迪奥·阿巴多通过对马勒这部作品扣人心弦的、到最后专心致志又富有情感的音乐诠释，显示出他是一个一贯关注作品内部形式布局并拒绝粗暴和矫揉造作地诠释作品的音乐家。"在柏林"转折时期"的那几个星期里，特别感性化的一刻当属阿巴多将音乐会的总排练现场只对民主德国的观众开放。

如之前在米兰、伦敦和维也纳一样，阿巴多对柏林的期望和目标远超过了一个首席指挥的工作定额。他致力于对乐团文化进行音乐和节目编排上的革新，放眼于现代音乐和其他艺术，不断从柏林的政治和社会变迁中激发积极性。阿巴多有过一种艺术欧洲化的生活体验："对我而言那是一段非常投入的时光，有强烈的冲动参与到方方面面。"柏林墙倒塌后的这座城市正处在紧张的变革和崛起阶段。对"统一德国"的兴趣和理念、项目、工作和问题众说纷纭，社会和审美气氛在西柏林的淘金者舆论和东柏林的人文经济危机感中摇摆不定，这个刚刚统一的大城市到处充斥着关于文化的高谈阔论。

此时的阿巴多也许比之前任何时候更能感受柏林之"大"，包括文化上、审美上、政治上、协同上等等。他将成为德国历史新"转折"的见证人，这个国家将为他的文化事业带来巨大意义。阿巴多相信柏林乌托邦："在我看来，正是柏林统一后的这种特殊性让其成为提供'全球'文化的理想场所。"在冷战时期充当铁幕的柏林墙倒塌前一个月，这位在米兰、伦敦和维也纳就已经开始质疑音乐归属感的指挥家被选为柏林爱乐乐团卡拉扬的继任，他将在柏林找到一条路，与乐团一起开辟一片更为广阔的文化共鸣空间。

在当选一年后，克劳迪奥·阿巴多签署了为期七年的柏林爱乐乐团首席指挥合同。按照与乐团新协定好的，他在节目单和巡演安排、排练计划、聘任独奏员和客座指挥等相关组织问题上拥有参与决策权。但他与维也纳国家歌剧院的音乐总监合同期限持续至 1991 年，期间还举办了如塔可夫斯基艺术节及由他创立的维也纳现代音乐节等首演和演出活动。

1990 年 9 月 4 日，即阿巴多与柏林爱乐乐团签署合同的当天，他站到了乐团的指挥席上，指挥了斯特拉文斯基的《众星之王》、德彪西的《中选的小姐》和勃拉姆斯的第一交响曲。到年底前，他还指挥了四场音乐会，涉及作品之广足以令人注意到他的交响世界视野：阿尔班·贝尔格、路易吉·诺诺、路德维希·凡·贝多芬、弗兰茨·舒伯特、安东·布鲁克纳、沃尔夫冈·阿玛狄乌斯·莫扎特、费利克斯·门德尔松等人的作品悉数在内。而马勒的第一交响曲在他当选后不久已经上演了。

早在阿巴多担任柏林爱乐乐团首席指挥的第一个乐季开端，即 1990 年秋季，音乐会听众们就已经体会到这位艺术总监希图将音乐文化和城市崛起连接起来的想法了："在这一伟大的历史变革时代，柏林再次有机会——并且有新的视野——成为东西方之间的文化中心。我们可以投身于实现柏林作为一座包容一切精神和艺术潮流的城市的复兴大业。这一切都应该在柏林爱乐乐团的节目中得到反映。" 90 年代初，关于统一后的德国是否在柏林建都的争论异常激烈。1991 年 6 月 20 日，经过一场戏剧性的几乎势均力敌的表决，定都结果在当时的首都波恩尘埃落定。

数年后，阿巴多和曾参与提出"主题系列"这一概念的音乐家和音乐理论家莉迪亚·布拉马尼一起总结了他在柏林的经验。他对柏林的地位、柏林爱乐音乐会节目安排、音乐和音乐文化及与艺术的关联所做的思考都在那本题目仿效维姆·文德斯的书中（《柏林音乐下》）有所体现。根据这位意大利谈话者的观察，柏林之于阿巴多"不只是一个新时代欧洲首都的象征"。音乐自身就是"封存历史、激发记忆和意识的主观经历"的象征。这一想法很快就引发产生了柏林爱乐的跨学科系列主题。

鉴于统一后的柏林刚刚开始丰富多彩的生活，阿巴多对这个曾经的"前线城市"的理想寄托于丰富的音乐和文化工作。他很早就确认，柏林一直是一个杰出的"国际化"城市，"在全德乃至全欧都有积极影响，因此要对僵化的行为进行重新审视"。他可能已经意识到，"音乐也是其中一分子，不能以所谓的中立为借口就置身于这段明显正在发展的历史之外"。

在与莉迪亚·布拉马尼的谈话中，阿巴多详细阐述了"大柏林"对他工作的意义："必须认识到，东柏林的居民有其独有的个性。因此我希望听众能尽可能覆盖整个柏林市区，在各方面都更广泛、更多样化。"阿巴多早就对东、西柏林居民不同的心态有了自己的概念——更准确地说，是暂时的概念：在东柏林，"主流思想无视生活享乐，致使居民十分向往目由"；而西柏林，且不限于柏林则正相反，"过分强调物质世界，导致人们丧失了本来的创造性"。

阿巴多在柏林能够实施他的艺术想法，得益于他熟悉该领域的专业咨询和助手队伍。他精通授权艺术，在柏林爱乐乐团和柏林文化界都为其计划找到了同盟，这其中包括一些柏林爱乐乐团的乐手，如低音提琴家、乐团董事鲁道夫·瓦策尔，团长埃尔玛·温加滕及公关媒体部经理黑尔格·格吕内瓦尔德。在乐团成员是否及多大程度上参与系列音乐会的概念和过程这个问题上，阿巴多显得很乐观："当然了！乐团就是一个组织，像一个整体一样运作。按富特文格勒的定义，它组成了一个'民主共和国'…… 这里洋溢着一种毫无疑问颇具杀伤力的奇妙的热情…… 我相信，正是这一缘由能让柏林爱乐乐团迸发出一种可以复苏整个柏林的文化运动的推动力。"阿巴多充分顾及乐团成员内心的倾谈意愿，并如他所说，进行了生动的交流："有时候会谈些私人或家庭问题。我办公室的门随时敞开着。"尽管如此，对某些乐手而言，他们与这位年少时就惜字如金的首席指挥仍然缺乏交流或产生误解，而阿巴多对团员排练时的交流需求仍拒之门外。

客座、旅行演出及萨尔茨堡复活节音乐节

在柏林的第一个乐季，克劳迪奥·阿巴多和柏林爱乐乐团就必须面对演出场地缩减的问题，因为爱乐大厅部分天花板掉落导致演出无法上演。自1991年1月初至1992年4月末的一年多时间里，阿巴多与乐团主要在柏林Mittel区的御林广场音乐厅进行演出。就在阿巴多指挥乐团复演勋伯格那首里程碑意义的《古雷之歌》前，还在那里举行了联邦总统理查德·冯·魏茨泽克倡导的义演音乐会，并在阔别37年后与大师塞尔吉乌·切利比达克合作演奏了布鲁克纳第七交响曲，以此拉开他重返柏林的序幕。

阿巴多和乐团借音乐厅修缮的这一年搞了数次旅行和客座演出。1991年12月，他们先在俄罗斯举行了四场音乐会；之后的1月，他们又赴东京演出了四首勃拉姆斯的交响曲，并与钢琴家阿尔弗雷德·布伦德尔合作了勃拉姆斯的钢琴协奏曲。而担任勃拉姆斯小提琴协奏曲独奏的则是维多利亚·穆洛娃，阿巴多过去数年的生活伴侣。

克劳迪奥·阿巴多与其子丹尼尔（左二）在都灵（1997）

旅行和客座演出拉近了柏林爱乐乐团与其艺术总监的距离。乐团保持着每两年赴美国或日本演出的频率，其间则数次赴巴黎和伦敦等欧洲音乐城市，以及在联邦德国境内的慕尼黑、汉堡、法兰克福和斯图加特演出，并且每年复活节和夏季都赴萨尔茨堡和琉森演出。阿巴多也很高兴率团赴意大利，在米兰、都灵、罗马、那不勒斯、费拉拉及拉文纳举办音乐会。

1994 年春天，克劳迪奥·阿巴多担任了赫伯特·冯·卡拉扬于 1967 年创办的萨尔茨堡复活节音乐节的艺术总监。卡拉扬希望在其出生地凭借《尼伯龙根的指环》打造一个新的拜罗伊特，并为此从柏林爱乐乐团成员中挑选组建了复活节交响乐团。在其 1989 年去世后的四年里，复活节音乐节由指挥家库特·马祖尔和乔治·索尔蒂暂代领导职务，直至阿巴多宣布准备接任音乐节艺术总监。萨尔茨堡夏季音乐节的顶峰则是在 1992 年足智多谋的比利时歌剧经理吉拉德·莫迪埃上任后，而阿巴多也立即着手准备莱奥什·亚纳切克的歌剧《死屋》。关于歌剧制作验收方面，两个音乐节及其艺术总监的关系导致了计划、组织、资金来源、艺术家参与及主演自尊心方面的一系列问题。阿巴多在柏林爱乐乐团任职期间一直参与萨尔茨堡复活节音乐节的活动。

对于他 1994 年在萨尔茨堡复活节音乐节的首次歌剧亮相，阿巴多选择了他所偏爱的古俄罗斯英雄剧《鲍里斯·戈杜诺夫》，并且摒弃了里姆斯基 - 柯萨科夫的修订版本，采用了他熟知已久并多次指挥过的、音色上听起来颇为粗粝的原始版本，这一作品他不仅数月前刚在柏林爱乐乐团指挥过音乐版，早先还在米兰斯卡拉歌剧院与导演尤里·留比莫夫、在伦敦皇家歌剧院与导演安德烈·塔可夫斯基合作过，并在维也纳国家歌剧院指挥过塔可夫斯基版本。在萨尔茨堡艺术节的舞台上，导演赫伯特·维尔尼克完全按阿巴多的心意复现了塔可夫斯基电影《安德烈·卢布廖夫》中纪念碑般的大钟，以此象征沙皇暴力下俄罗斯民族的虔诚、所受的压迫和萎靡的精神。

在萨尔茨堡，阿巴多的视线跨越了俄罗斯的历史戏剧，直达俄罗斯的当代音乐：柏林爱乐乐团以一种所谓"对位法"的系列音乐会形式再次上演了俄罗斯同一时代的室内乐作品，涉及从肖斯塔科维奇到年轻一代的索菲亚·古拜杜丽娜、埃迪松·德尼索夫和阿尔弗雷德·施尼特凯等名家。阿巴多还在萨尔茨堡为青年作曲家、作家和雕塑家设立了一项艺术奖，奖金来自其从弗留利地区诺尼家族格拉巴酒制造商那里争取来的赞助。

对于克劳迪奥·阿巴多在萨尔茨堡复活节音乐节上的首次亮相，媒体不仅对其指挥的歌剧《鲍里斯·戈杜诺夫》和音乐会作品，也对柏林爱乐乐团在后卡拉扬时代的艺术进步给予了积极评价。"阿巴多作为一个指挥家，不仅能胜任自己立下的大任务"，《法兰克福汇报》如是说，"还能正确应对相应的戏剧表演的挑战。而他与维尔尼克最后拥抱也暗示了这是一次特别的合作……萨尔茨堡的这次演出是对穆索尔斯基及其原始版本的一场华丽的辩护。"

《南德意志报》赞扬了阿巴多这位"苗条的男人"，断言，在柴科夫斯基第五交响曲中，"阿巴多相较以往表现得更自如、更成熟、更深思熟虑……在他的领导下，柏林爱乐乐团可以成长为一支世界级的交响乐团"。"对某些恼人的回声效应，艺术家们和他们的艺术总监却演绎得如此动听、诗意又不过分甜腻，仿佛他们真的有魔法召回了富特文格勒的艺术，就像他曾经指挥舒伯特那首伟大的 C 大调交响曲时留下的神秘的袅袅余音一样"。

萨尔茨堡复活节音乐节后，阿巴多与柏林爱乐乐团启程赴图

柏林爱乐乐团在斯德哥尔摩举行的欧洲音乐会（1998）

林根州疗养城市迈宁根举办欧洲音乐会，旨在纪念乐团成立 112 周年。首任首席指挥、伟大的汉斯·冯·比罗和理查·施特劳斯都曾在迈宁根皇家乐团任乐队长。随后，阿巴多与乐团开始了欧洲巡演。看起来，慕尼黑和科隆、都灵和维也纳、日内瓦和苏黎世的听众和媒体直到这时才意识到后卡拉扬时代的音乐转变，回春的柏林爱乐乐团在时年 61 岁的克劳迪奥·阿巴多的领导下创造出一种新的演奏风格。"他看起来如此年轻，活力四射又十分灵活，"《新苏黎世报》这样描述阿巴多和他指挥的勃拉姆斯第二交响曲及斯特拉文斯基的《火鸟》，"乐团显得这么生机勃勃，热情如火，张力一直渗透到最末端的神经中"。

在伦佐·皮亚诺新设计的都灵"灵格托"音乐厅里，阿巴多如同在维也纳音乐协会大厅那次一样指挥了马勒的第九交响曲。"如果把歌剧贡献具体化，"《萨尔茨堡新闻》断言，"那就是把乐谱优美地表现出来，蕴含的玄学，音乐精髓的精神渗透，以及上述所有元素所组成的令人喜悦的整体。"

克劳迪奥·阿巴多这位曾经的米兰斯卡拉歌剧院和维也纳国家歌剧院音乐总监，90 年代在柏林时要更频繁地面对根据不同的音乐剧场形制为歌剧选择全景、半景或纯音乐形式这个问题。歌剧是他在柏林爱乐乐团无法割舍的演出项目，他认为半景形式"是通往真正完整演出之路的第一步，这种演出我们计划在其他剧院举行。我们在一定程度上是在试验一种音乐概念，即在音乐发展中也引入导演的参与"。因此阿巴多指挥棒下的歌剧可以两种形式存在，在柏林上演纯音乐或半景版，在萨尔茨堡则是全景版。1992 年至 2002 年期间，阿巴多在柏林爱乐乐团指挥了罗西尼的《兰斯之旅》、穆索尔斯基的《鲍里斯·戈杜诺夫》、施特劳斯的《埃莱克特拉》和舒伯特的《费拉布拉斯》以及之后的威尔第的《奥赛罗》《西蒙·博格涅拉》《法尔斯塔夫》和理查德·瓦格纳的《特里斯坦与伊索尔德》《帕西法尔》。几乎所有上述作品

在柏林爱乐大厅举行的半景版罗西尼歌剧《兰斯之旅》

在柏林演出后都在萨尔茨堡复活节音乐节舞台上再度上演。

　　当克劳迪奥·阿巴多90年代在统一后的柏林以多种演出证实他关于艺术主题系列的理念且反响日益良好时，他在首都之外还不断丰富自己的事业，积极投身萨尔茨堡复活节音乐节，在女儿亚历桑德拉的协作下在意大利北部城市费拉拉举行了一系列音乐会和歌剧演出。他还从古斯塔夫·马勒青年交响乐团中挑选成员组建了马勒室内乐团。除此之外，率"他的"青年交响乐团举办音乐和巡回演出也是他十分重要的工作。

1992 年，当音乐界欢庆乔阿基诺·罗西尼 200 周年诞辰时，阿巴多指挥柏林爱乐乐团演出半景版《兰斯之旅》向这位作曲大师致敬。这部创作于 1825 年的作品乃是罗西尼的最后一部意大利语歌剧，曾经长期绝迹于舞台，后被阿巴多在 1984 年佩萨罗罗西尼歌剧节上与导演卢卡·隆柯尼合作首次复演。之后，他又在费拉拉、米兰和维也纳指挥过这部演唱部分精妙无比，堪称"歌剧作曲家笔下最疯狂和搞笑的一部娱乐作品"。

1998 年夏天，阿巴多赴法国普罗旺斯地区艾克斯参加音乐节，带去了一部新作品——戏剧简约大师彼得·布鲁克导演的极为"简单"的莫扎特歌剧《唐乔瓦尼》。莫扎特诙谐戏剧中的人物通过喜剧演员的肢体语言、热情和带有反讽的强迫性表现出一种不同寻常的生动形象。阿巴多清醒又有节制地指挥马勒室内乐团演奏了这部作品，其风姿令人联想到罗西尼式的有所选择和威尔第式的爽直，但也不掩饰莫扎特戏剧中那悲惨的社会没落特色。每个细节的音乐阐述都清晰鲜活，充满音乐张力。系列演出由阿巴多与年轻、偏好飞驰速度的丹尼尔·哈丁共同担任指挥。

首演数日后，阿巴多邀我们去往他在艾克斯过周末的友人别墅会面。

我们上午从城市出发，先走狭窄的乡间公路，后是烧荒的田野中坑洼不平的小路，最终在一片人烟荒芜处发现了阿巴多的临时住所——偏僻的位置正是他的特色，孤身一人，不像他这个级别的其他指挥家一样被助理或唱片公司经理簇拥着。他在大门口迎接我们，带着一种地中海式的放松的友善。他为我们这两位访客准备了简单的午饭，我们就在露天吃喝起来。我们聊到了艺术和音乐，上帝和政治世界，乃至正在法国举行的世界杯。我们刚结束拜会这位柏林爱乐乐团首席指挥的乡间一行，还未踏上返回那场盛大的法国音乐节归途时，已听得有人跃入游泳池了。

西门子音乐奖

1994 年，在经历了柏林、萨尔茨堡及旅行演出的巨大成功后，当已获得维也纳荣誉大奖和剑桥大学荣誉博士头衔的阿巴多被授予有"音乐诺贝尔奖"之称的慕尼黑"恩斯特·冯·西门子音乐奖"时，已经无人感到惊讶了。按颁奖证书所言，该奖项旨在表彰艺术家"在诠释音乐作品及演奏当代作品中所表现出的超一流的振奋人心的水平"。阿巴多在其"丝丝入里又不失音乐感性的表演中"使听众感受到"如何在对现代音乐的研究中有意义地揭示传统。"

除了他在柏林爱乐乐团的业绩之外，颁奖词还重点突出了他对年轻演奏家和作曲家的"关注和提携"。

由于阿巴多在 1994 年 6 月 6 日晚恰巧在柏林爱乐乐团音乐厅指挥罗伯特·舒曼的《歌德的浮士德场景》，因此颁奖仪式第一次没有在慕尼黑，而是在柏林爱乐乐团的室内乐大厅举行。阿巴多的密友、柏林艺术周多年来的主办者、音乐家乌尔里希·埃克哈特在贺词中这样说道："今天的这位可敬之人乃是一位友谊大师，友情于他胜过功业。"阿巴多以倾听和思考作为一个音乐家的最高美德，他是一位"创新性的、跨越国界"的欧洲音乐家。他将发掘音乐层次和比例的意义、积极求新及与乐团成员间并肩协作视为指挥家的本职工作。

阿巴多在致谢辞中表示，能"一直与朋友们一起做音乐是种莫大的幸运"，其中包括歌唱家、演奏家，以及"最重要的乐团成员"。他以柏林爱乐乐团音乐家演奏的弗朗茨·舒伯特弦乐四重奏第一乐章作为获奖的音乐答谢礼，其中的第二个主题在他看来"乃是对将我们紧密联系的友谊的最美音乐表达"。

克劳迪奥·阿巴多在不到 10 年内，就为曾笼罩在赫伯特·冯·卡拉扬阴影中的柏林爱乐乐团注入了新的活力。乐团及其首席指挥成为音乐界代表艺术才智和情感现代化风格的一股新力量。这当然也与阿巴多持之以恒地推进目标息息相关。于 2003 年起继任柏林爱乐乐团首席指挥的西蒙·拉特对此十分惊讶："他是一个特别的混合体，一方面极端固执，另一方面又极端民主。他会提出一些激动人心的建议，然后后退一步考虑，之后又再接再厉。这样他就将设想好的预定目标继续向前推进。"

第十二章

克劳迪奥·阿巴多的柏林主题系列

> 如果把系列作品视作一个整体，那么打一开始，
> 它就是所有艺术方向交叉互动的乌托邦。
>
> ——萨宾·鲍里斯

克劳迪奥·阿巴多博学，自幼时起就沉浸在书的世界，尤其在文学园地博览群书、兴致浓厚，这些特质在他同时代的指挥家中是绝无仅有的。这在柏林自然就产生了一些艺术优势：阿巴多作为柏林爱乐乐团的艺术总监，利用每个演出季邀请乐团成员和公众探讨分析文学、艺术史、神话等层面的不同主题。1993 年，柏林爱乐乐团专门成立了项目组，以确保音乐和诗歌、哲学和雕塑、电影和散文等主题的参与者保持关注。

还在第一乐季的新闻招待会之初，阿巴多就坦露了他拓展柏林爱乐乐团文化的理念。他阐述了对室内乐的理解，认为"它不仅促进了乐团的演奏文化，还描绘出室内乐领域的内在联系，以此证明节目编排不能随便迎合时下的口味，而要遵循长期确立下来的音乐戏剧艺术的相互作用而定。"这位帕尔玛音乐学院室内乐系曾经的讲师如是说。在柏林很重要的是，"准备一部交响乐作品时要综合考虑其从属的室内乐，或是研究一个特定时期的作品时要综合考虑同时期的雕塑、戏剧、舞蹈、电影和文学等其他艺术门类"。

阿巴多很早就表示，希望艺术和文化机构加强互动合作，为他设想中日后的柏林爱乐乐团主题系列提供戏剧顾问。他后来承认，交流合作这件事于他而言完全是文化政治推动的，"每年就某个特定文化主题组织聚会这个主意，部分因为我们当时所处的特殊环境而得以实现了。在我们看来，面对充满期望的社会基本情绪，答案就是引入全球文化视角。"

在柏林，实现这样的构思早就有一个模式，即柏林艺术周。乌尔里希·埃克哈特自 1973 年起就担任艺术周经理和管理人，亲手将其打造成一个国际性的艺术节和西柏林的新理念。身为音乐家和艺术经理的埃克哈特曾给过阿巴多和柏林爱乐乐团一些建议，推动神话、文学和历史题材的柏林主题系列之后发展为阿巴多的柏林爱乐之年。

阿巴多于 1992 年 5 月底指挥的激动人心的"普罗米修斯音乐会"为未来的柏林系列项目提供了启迪。"主题系列"这个想法并不算是个成熟概念，它其实萌发于阿巴多对古希腊普罗米修斯神话等文学的借鉴。他熟知普罗米修斯这位提坦神后代的传说，其用土造人、吹气赋魂、盗走天火，并为其自负而饱受众神之父宙斯的严惩。数千年来，无数诗人、画家和作曲家在艺术作品中对他大肆歌颂，阿巴多则携柏林爱乐乐团以四部相关作品的系列音乐会形式集中表现了普罗米修斯的人物形象：他指挥了路德维希·凡·贝多芬罕被搬上舞台的舞剧音乐《普罗米修斯的生灵》的片段、路易吉·诺诺根据其神秘的音乐里程碑《普罗米修斯》所作的套曲、弗朗茨·李斯特的交响诗《普罗米修斯》及亚历山大·斯克里亚宾的《普罗米修斯——火之诗》。主题蒙太奇的戏剧由传统、现代和先锋因素、诗意创意和音乐表述组成，就如同某种形式的"关系魔法师"一般——这是阿巴多当时所偏好的。也是米歇尔·基伦、汉斯·参德等其他指挥家已经尝试过的。他们将贝多芬与勋伯格或巴赫与韦伯恩的作品联系起来，迸发出惊人的张力。

普罗米修斯音乐会还待继续延续、拓展和深化，柏林爱乐乐团今后几年主题系列和动机音乐会的发展之路已被铺平，将陆续上演荷尔德林和浮士德、莎士比亚和古希腊、贝尔格/毕希纳和流浪者、特里斯坦、法尔斯塔夫及帕西法尔系列。阿巴多和柏林爱乐乐团的项目战略深深留在了柏林人的记忆中。

系列一：荷尔德林（1993）

荷尔德林这个阿巴多盛年时极偏爱的诗人，占据了柏林爱乐乐团于1993年二、三月间举行的第一次主题系列音乐会的中心。

柏林因此骤然多了一个文化节，涵盖一场交响乐和四场室内乐音乐会、一场由演员埃迪特·克莱韦担纲的荷尔德林作品朗诵会、一个展览及在柏林赫贝尔剧院和阿森纳电影院联合上映的多部电影。

"荷尔德林系列"参考了阿巴多对这位诗人的个人看法，其曾通过理想人物许佩里翁呼喊出对"完整心灵"的渴望："我因此来到德国人之中。"阿巴多解释了他的意图，"通过这个系列描述荷尔德林诗作和音乐之间多层次的关系"。他援引了自己的阅读经验："弗里德里希·荷尔德林的人格和作品总给我最深层次的感动，让我深深着迷，当然同样也是因为除他之外几乎再无第二个诗人，其语言与音乐如此相近。"

荷尔德林对 20 世纪作曲家的影响要远甚于之前的时代。阿巴多指挥柏林爱乐乐团为"荷尔德林—音乐会"带来了六部各不相同的作品，以近摹这位诗人的风貌。首先是意大利作曲家贾科莫·曼佐尼根据荷尔德林诗作所作的合唱交响乐片段，年轻时的阿巴多曾在米兰指挥了他的歌剧《原子之死》的首演；其后是沃尔夫冈·里姆于 1977 年所作的那首精细的荷尔德林咏唱和交响乐片段以及理查·施特劳斯根据荷尔德林诗作于 1921 年写的那部纵情的交响诗《三部赞歌》；然后是乔治·里盖蒂根据荷尔德林《人生之半》和《当从远处》于 1982 年所作的 16 人阿卡贝拉合唱，以及与之相反的，马克斯·雷格于 1912 年所作的那首由独唱和大乐队组成

荷尔德林系列（1993）计划书

的忧郁交响诗《寄托希望》；作为结尾的则是约翰内斯·勃拉姆斯于1871年所作的合唱交响作品——关于许佩里翁的《命运之歌》。

柏林观众惊讶地获悉有这么多关于荷尔德林的余迹。在柏林爱乐乐团音乐厅的演出现场，关于这个主题还有更多的变化。阿迪蒂四重奏组演奏了路易吉·诺诺以极弱音色浮荡的荷尔德林弦乐四重奏《迪奥蒂玛的静止断片》，柏林舞台演员尤塔·兰佩、布鲁诺·甘茨朗诵了荷尔德林的诗文，柏林爱乐莎朗合奏团在马库斯·史坦兹指挥下演奏了威廉·基尔梅耶、汉斯·维尔纳·亨策、约翰内斯·哈尔内特、库塔格·捷尔吉等人关于荷尔德林的音乐作品。迪特里希·菲舍尔–狄斯考唱诗班中的年轻音乐家演唱了保罗·欣德米特、沃尔夫冈·福特纳、本杰明·布里顿、汉斯·艾斯勒等人谱曲的荷尔德林的诗歌。海因兹·霍利格尔演奏的《斯卡达内利之歌》尝试了一种实验性的对位法。柏林爱乐乐团交响乐学院的学生还在阿巴多的指挥下演奏了路易吉·诺诺的《普罗米修斯》片段。

柏林爱乐的首次主题系列演出令阿巴多及其团队十分振奋，他们成功地突破了常规的音乐会层面，推动柏林剧院或电影院等音乐的姊妹艺术积极参与其中。

"当我研究一部音乐作品时，常常会关注到其所属的文学作品，"阿巴多说，"理解马德纳的《许佩里翁》，特别是诺诺的《普罗米修斯》都必须读过荷尔德林。由他反溯到歌德、席勒并由这两位再延伸到希腊古典文学差不多是相当自然的。"通过这种多艺术种类联合的方式并基于自身的阅读经验，阿巴多在荷尔德林之后，继续延续柏林爱乐的主题系列，下一步是浮士德和希腊古典文学。

系列二：浮士德（1994）

　　"浮士德"这个主题所需的准备时间要长于"荷尔德林"，因此柏林爱乐这个系列筹备时间自 1994 年 2 月至 6 月长达四个月。阿巴多十分了解浓墨重彩、内容丰厚的浮士德传说及其艺术影响："'浮士德'在语言，尤其是音乐表现力的集合链中有自己的一个维度，其中联结了技术和反思、具体的手艺和抽象化概念等。"阿巴多力图用一种"令人上瘾的快感力量"，通过浮士德系列"进行创新"。与更大范围的柏林文化伙伴和机构开展合作十分必要，除了柏林爱乐的两个音乐厅外，柏林赫贝尔剧院和阿森纳电影院再次参与，马丁－格罗皮乌斯堡博物馆也在其中。

　　阿巴多和柏林爱乐乐团以马勒的第八交响曲开启了这个有纪念意义的主题。第八交响曲跨度之广，规模之大，由圣咏《求造物主圣神降临》直到歌德的浮士德乌托邦，自 1910 年在慕尼黑首演后即被冠以"千人交响曲"之名。客座指挥也首次受邀参加，年轻的英国人西蒙·拉特指挥了弗朗茨·李斯特的《浮士德交响曲》

和奥利维埃·梅西安 1964 年所作、纪念两次世界大战逝者的铜管 -打击乐交响诗《我信肉身之复活》；小泽征尔指挥了柏辽兹的传奇剧《浮士德的天谴》；格尔德·阿尔布莱希特则指挥了费卢西奥·布索尼的歌剧《浮士德博士》的部分乐章。之后，奥托·山德尔朗诵了由伊丽莎白·普莱森新译的伊戈尔·斯特拉文斯基那部荒诞悲剧《士兵的故事》。系列演出的压轴之作则由阿巴多指挥了罗伯特·舒曼的抒情戏剧《歌德的浮士德场景》。

音乐之外的浮士德行程也是十分丰富多彩：布鲁诺·甘茨朗诵了托马斯·曼的《浮士德博士》，伯哈德·米内蒂朗诵了歌德的《浮士德》第一部中的片段，沃尔特·施密丁格朗读了安东·契诃夫和钱拉·德·奈瓦尔的作品，乌尔里希·瓦尔德格鲁伯则是米哈伊尔·布尔加科夫的《大师与玛格丽特》节选。彼得·斯坦连续四晚朗诵了歌德的《浮士德》第二部。阿巴多自己也参加了包括阿森纳电影院在内举办的许多活动。他对罗曼·波兰斯基、路易斯·布努埃尔和恩斯特·刘别谦等人的浮士德主题电影非常熟悉，深知电影中如何反映"魔鬼对当今生活的异化"。阿巴多与浮士德的牵绊最初源于 10 年前在伦敦合作上演穆索尔斯基歌剧《鲍里斯·戈杜诺夫》的俄罗斯导演安德烈·塔可夫斯基。阿巴多还想起塔可夫斯基电影《飞向太空》中社会批判的视角，因其"谈到了以自然和环境为代价的科技的杀伤力——这也是荷尔德林的《普罗米修斯》中所提及的主题"。

系列三：古希腊（1994/1995）

柏林爱乐乐团的第三个主题系列——古希腊系列，开始于1994年11月底并跨越整个乐季。更多柏林文化机构准备参与其中，包括柏林合奏团、德意志交响乐团、柏林国家博物馆以及英、法、意驻柏林文化机构，还有首次参加的柏林舞台剧院。开幕演出由阿巴多指挥上演了理查·施特劳斯根据索福克洛斯创作的纯音乐版《埃莱克特拉》；1995年春天的萨尔茨堡复活节音乐节上，他与俄罗斯导演列夫·多金合作演出了该剧的全景版。安德烈·布雷特在柏林舞台剧院执导了对欧里庇得斯《奥里斯》的新改编版本，而彼得·斯坦则朗诵了他对埃斯库罗斯《降福女神》的新译本。

阿巴多为自己立下了通揽古希腊的挑战任务。他认为，"没有哪个欧洲艺术时期能够摆脱古典神话的影响，而给后人留下他们对永不消逝的传奇的诠释和表达"。但令阿巴多非常遗憾的是，在这一系列中只能上演极小部分基于古希腊神话创作的音乐作品，俄耳普斯神话则成为主角。阿巴多指挥上演了17、18世纪创作的一系列相关作品，包括克劳迪奥·蒙特威尔第的"阿里阿德涅的悲歌"、亨利·普赛尔《狄多与埃涅阿斯》中"狄多的悲歌"，约瑟夫·海顿的歌剧《哲学家的灵魂》中悲伤的咏叹调"你心爱的人将再次属于你"以及乔瓦尼·佩尔戈莱西的俄耳普斯康塔塔中的"在封闭的中心"。音乐会以一首现代音乐剧作品，即斯特拉文斯基受索福克勒斯灵感而作的清唱剧《俄狄浦斯王》为结束。在第三场柏林爱乐乐团节目中，阿巴多再次确立了传统与现代间涉及古典要素的关联，指挥了埃克托·柏辽兹的歌剧《特罗伊人》和汉斯·维尔纳·亨策的歌剧《酒神节》片段，并以莫扎特和欣德米特的音乐加以反衬。

阿巴多为古典系列发掘的珍品当属莫捷斯特·穆索尔斯基为僧侣合唱团创作的《在雅典的俄狄浦斯》片段，这是其青年时代作品中唯一保存下来的残篇。在同场音乐会上，阿巴多在指挥约翰内斯·勃拉姆斯的《命运之歌》之外还借机介绍了匈牙利作曲家库塔格·捷尔吉的交响乐新作《墓碑》———一座音乐的墓碑，一曲纪念库塔格密友、教育家和作曲家米哈利·安达斯逝世的哀乐。这是库塔格当时作为柏林爱乐乐团的驻团作曲家所作的第一部大型交响乐，并在与阿巴多及乐团进行友好思想交流的基础上推出了这部作品的首演。库塔格是位严格、安静、深居简出的作曲家，阿巴多这样形容他，"对每个音符都深思熟虑。他经常为怎样使一

克劳迪奥·阿巴多和库塔格·捷尔吉（右）

个音乐想法最大效率地落到乐谱上而向我和其他音乐家求助。"库塔格以《墓碑》这首纤弱的三段体音乐哀诗在生死之间架起一座桥梁，而建桥是如此匆匆，"因为在古希腊，生死两限堪称比肩，甚至一场仪式就能实现"。

柏林爱乐乐团的主题系列活动在艺术及文化政治上都日益获得赞许，终于在历经三版后在这座城市得以确立。而在不断打磨的节目和与柏林文化机构的合作中，克劳迪奥·阿巴多时代的重要地位也日益明了。音乐家、大部分的公众和媒体都对节目创新和审美提升表示欢迎——即使批评的声音在柏林仍有存在：他们宁愿少听点"知性"和历史"教学理论"，少提点现代性和复杂性。

系列四：莎士比亚（1995/1996）

克劳迪奥·阿巴多自己非常认可他的柏林节目政策，他在莎士比亚系列活动中表示，"非常高兴越来越多的柏林市文化机构受柏林爱乐乐团邀请参加这个已经成为传统的主题系列活动"。柏林艺术节剧院、波茨坦电影博物馆和自由柏林广播电台也参加了此次活动，而且整个活动的节目安排几乎再次覆盖整个乐季。赫贝尔剧院内上演国际舞剧的客座演出，彼得·布鲁克为柏林舞台剧院带来了他的两部作品，彼得·斯坦在位于哈弗尔河艾斯维尔岛上的摄影棚中创作了《莎士比亚记忆》。柏林表演艺术学院排演了一出《莎士比亚工场》。玛利亚娜·霍帕、尤塔·兰佩、费奥纳·肖、布鲁诺·甘茨和彼得·斯坦参与了朗诵。值得一提的是，柏林和波茨坦的影院中还上映了丰富多彩的莎士比亚相关影片。

论起 19 世纪音乐家的灵感来源，没有哪个文学家能超越莎士比亚。阿巴多在柏林爱乐乐团音乐厅指挥上演了朱塞佩·威尔第的《奥赛罗》半景版，并在次年春天的萨尔茨堡复活节音乐节与意大利电影导演埃曼诺·奥尔米合作上演了该剧的全景版。柏林爱乐乐团在除夕音乐会上演出了费利克斯·门德尔松为莎士比亚戏剧所作的配乐《仲夏夜之梦》。乔治·索尔蒂、丹尼尔·巴伦博伊姆、弗拉基米尔·阿什肯纳齐和西蒙·拉特等名家相继指挥柏林爱乐乐团演奏了柏辽兹、柴科夫斯基、埃尔加和查理·施特劳斯的莎士比亚管弦乐作品。阿巴多则亲自指挥了柴科夫斯基和普罗科菲耶夫根据莎士比亚戏剧《罗密欧与朱丽叶》改编的管弦乐。整个活动在安东·德沃夏克那罕被搬上舞台的《奥赛罗》序曲中落下帷幕。

系列五: 阿尔班·贝尔格／奥尔格·毕希纳 (1996／1997)

20 世纪最震撼音乐界的一部歌剧，当属奥尔格·毕希纳作词、阿尔班·贝尔格谱曲、1925 年在柏林国家歌剧院首演的《沃采克》。1971 年，阿巴多在米兰斯卡拉歌剧院指挥过这部歌剧，20 年后又是以这部作品挥别维也纳国家歌剧院。1996 年 12 月，他在柏林爱乐乐团指挥上演了该剧的纯音乐版，并于次年 3 月萨尔茨堡复活节音乐节上演了彼得·斯坦导演的全景版本。阿巴多曾在米兰和维也纳多次指挥过该剧，也在巴黎和柏林客座演出时为公众奉献了相关演出。

维也纳作曲家阿尔班·贝尔格的音乐，在阿巴多音乐世界中的地位极其显要，堪与朱塞佩·威尔第、莫捷斯特·穆索尔斯基和古斯塔夫·马勒的作品比肩。《沃采克》这部歌剧以表现主义和结构主义的艺术手法清晰展现了 20 世纪人性的毁灭，贝尔格对人性的喟叹让阿巴多深受震动。在他看来，贝尔格的音乐就像一个媒介："贝尔格传递对他人遭遇的共情能力特别强，这也是其歌剧伟大之所在。"毕希纳和贝尔格笔下的沃采克深知："他人即深渊，谁低头一看都头晕目眩。" 阿巴多相信，这个人物也带有现代个人的影子。他以强烈的交响乐感染力指挥了歌剧中的 15 个片段场景，按西奥多·阿多诺的话说，这些场景充分体现了阿尔班·贝尔格音乐将毕希纳式片段的"锋芒毕露""打磨上光"的特点——也就是在音乐架构表达中进行转化，而阿巴多因其对"跨越"和音乐融合的偏爱也能塑造这样的效果。

阿巴多在维也纳音乐学院求学时就与老师汉斯·施瓦洛夫斯基

一起研究过阿尔班·贝尔格这位预言派作曲家，并爱上了他的音乐。阿尔班·贝尔格曾在阿巴多伦敦音乐节"马勒、维也纳和 20 世纪"中扮演重要角色，而在柏林的"贝尔格／毕希纳"项目中，贝尔格的作品几乎在音乐会上演了个遍。除阿巴多指挥的纯音乐版《沃采克》之外，丹尼尔·巴伦博伊姆与导演帕特里斯·夏侯在菩提树下大道的国家歌剧院合作上演了该剧的全景版；米歇尔·基伦指挥萨尔茨堡音乐节乐团上演了由彼得·穆斯巴赫导演的阿尔班·贝尔格歌剧《璐璐》。里昂歌剧院交响乐团在沃尔夫冈·里姆指挥下于赫贝尔剧院客座演出了毕希纳的早期歌剧《雅可布·伦茨》；城市舞台剧院则上演了毕希纳的戏剧。阿巴多和柏林爱乐乐团向沃尔夫冈·里姆、贝亚特·福瑞、法比奥·瓦奇和莫里茨·艾格特等年轻一代作曲家委派了作曲任务。音乐会节目就由当代音乐和所谓的第一维也纳乐派，即莫扎特、贝多芬和舒伯特以及马勒和策姆林斯基的作品拼搭而成。

系列六：流浪者（1997/1998）

1997 年至 1998 年期间的"流浪者"项目算得上是"贝尔格／毕

希纳”系列的一个回声，正如其标题所暗示的：“我在哪儿都是个陌生人。”由“流浪者”这个母题出发，以弗朗茨·舒伯特及其200周年诞辰为中心，以路易吉·诺诺为背景，阿巴多与柏林爱乐乐团直触到了德国浪漫主义的核心隐喻。逝于1990年的诺诺，其作曲创作正如阿巴多所言，“被视作一次徒步漫游，只能靠自己走出一条路来”，因此这个主题“也是路易吉·诺诺对毕生创作的一种肯定”。自阿巴多在威尼斯指挥过《普罗米修斯》以来，诺诺这部晚期作品终章中所引用的一句西班牙诗人安东尼奥·马查多的诗对他而言就如“魔咒”一般：“流浪者，世上本没有路，路在脚下，海中只掠过飞羽的划痕。”

柏林“流浪者”项目的重头戏是柏林爱乐乐团上演纯音乐版舒伯特的英雄浪漫歌剧《费拉布拉斯》。阿巴多于1988年与导演露丝·伯格豪斯合作，将这部尘封已久的作品搬上维也纳的舞台。其情节出乎意料地合乎当下时代，在舒伯特侧重抒情的表达手法下，围绕父子两代人在祖国解放战争中的悲惨经历展开。阿巴多和伯格豪斯在维也纳的演出获得观众的强烈赞许，在柏林反响也很良好。作为项目的序幕，阿巴多将舒伯特全部八首交响曲悉数引入柏林爱乐乐团，并在四场系列音乐会中的其中三场中与一年前共同录制了舒伯特交响曲唱片的欧洲室内乐团进行了合作。在安德拉斯·希夫六个晚上的舒伯特钢琴奏鸣曲中，在舒伯特组歌

沃尔夫冈·里姆（左）与克劳迪奥·阿巴多

《冬之旅》以及路易吉·诺诺的小提琴独奏《无路可走，只有行走》中，流浪者主题得以不断浓缩体现。

　　漫游和流浪这个德国神话中的"陌生人"主题，在20世纪的生活中表现为"存在的脆弱性"。舒伯特根据格奥尔格·菲利普·施米特·冯·吕贝克的诗文所作的《流浪者之歌》，为这个系列同时提供了两个象征主题："我在哪儿都是个陌生人"和"你不到之处尽是欢乐"。阿巴多庆幸其对德国浪漫主义的接触不只限于音乐，还涉及其他艺术门类。系列活动还包括埃迪特·克莱韦、彼得·斯坦、乌尔里希·马特斯、布鲁诺·甘茨和乌尔里希·瓦尔德格鲁伯等人朗诵尼采、诺瓦利斯和歌德的作品。老国家画廊举行了晚期浪漫主义画家、舒伯特的朋友莫里兹·冯·施温德的主题展览《远足，告别，归乡》。阿森纳电影院中上映了流浪者视角的电影作品。作家伊索·卡玛阿特在导语中写下了"流浪者、香客、先知"三段体，约瑟夫·豪斯勒则诠释了路易吉·诺诺的《模范在途》。

艺术上，阿巴多与柏林爱乐乐团 1997—1998 乐季的驻团作曲家沃尔夫冈·里姆志趣兴味相投。里姆在《一个流浪者幻想》一文中分析了流浪者的魅力，并将之称为"逃避现实的空想"。流浪者系列这一年前后，阿巴多指挥演出了里姆的众多交响乐作品，除其对舒伯特钢琴曲《流浪者之歌》改编的交响乐版本外，还包括《墓志铭》和《无图／无路》两部交响乐作品，其中后者则标明献给"无言的流浪者路易吉·诺诺和安德烈·塔可夫斯基"。阿巴多在 1997 年 9 月底将里姆为两个女声部和管弦乐队所作的音乐命名为《双重深度》。身为音乐家和指挥家的阿巴多之所以偏爱里姆这位音乐家、散文家，也许正是因为他从里姆的文章中发现，其也将流浪者视为"文学形象的音乐设计"，因为"音乐始终是路，是河流，是正在流逝的事物。音乐是种过去，没有所谓的'原始'形象，只记载了一种过程和结果。但任何人都不可能真正拥有"。里姆的表述与阿巴多的音乐见解不谋而合，都认为音乐本质首先存在于不断变换的音乐过程中。

系列七／八："特里斯坦与伊索尔德——爱与死的神话"／"爱与死"（1998/1999）

克劳迪奥·阿巴多指挥的理查德·瓦格纳的第一部也是唯一一部歌剧，是他在米兰斯卡拉歌剧院 1981—1982 年乐季开幕音乐会上与导演乔治·斯特雷勒合作的《特里斯坦与伊索尔德》。在柏林爱乐乐团 1998—1999 乐季中，阿巴多又引入了"特里斯坦与伊索尔德"这个主题系列。阿巴多很清楚这个主题的分量，其对"任何一个音乐家都是非比寻常的挑战"。此次活动再次邀请大批柏林文化机构加盟，按阿巴多的说法，其目的"不止在于挖掘特里斯坦神话的深层含义，还在于探寻'爱于死中升华'这个文化历史母题"。为准备 1998 年 11 月 29 日的歌剧演出，阿巴多翻阅研究了大批原始文献和总谱，而这种专注似乎对近期的其他演出，如赴普罗旺斯地区艾克斯演出歌剧《唐乔瓦尼》、率柏林爱乐乐团进行欧洲巡演及 10 月在纽约的三场演出、随后的日本旅行演出等，并无什么大碍。

阿巴多再次被瓦格纳所俘获。他忆及当年与乔治·斯特雷勒共同研究《罗恩格林》主题的情景："要重新认识情节中大量的典故和旋律参考，这些构成了作品的架构，但也不能忽视瓦格纳歌剧中的丰富内涵——事实上这对指挥家和导演都是必不可少的。"阿巴多的思考跨越了音乐本身："歌剧中任何一处看起来奉行了'音乐至上'主义的地方，瓦格纳同样都赋予了极高的文学和戏剧表现力。"阿巴多早就想在米兰斯卡拉歌剧院指挥这部歌剧了，但身为音乐总监，他将先发机会让给了很欣赏的同事卡洛斯·克莱伯，后者曾在拜罗伊特指挥过该剧，很想在米兰斯卡拉歌剧院再一展身手。

柏林爱乐乐团上演的纯音乐版《特里斯坦与伊索尔德》在视觉上已经与传统的交响乐概念有一定距离了，表现在将低音提琴、中提琴和大提琴安排在指挥左手，即原小提琴所在位置。"管弦乐队本身由此就为其音质涂上了一层厚重的底色，完美匹配了该剧中夜色般凝重的旋律"。阿巴多将瓦格纳交响音潮的原则描摹得十分透彻：瓦格纳自己将"艺术过渡"称为"我最纤细和深刻的艺术"，乃是交响乐中旋律流动和交融的动力。阿巴多此次指挥版本由本·赫普纳和黛博拉·博拉斯基担纲主演，演出效果毁誉参半，有人认为丧失了原剧表演中的那种狂喜之力，有人认为正是"几乎每个节拍都不差的精准度淡化了冲击力和明确意图，反而给这部作品赋予了少有的安逸和宁静"。

在萨尔茨堡复活节音乐节上，普在米兰小剧场担任过乔治·斯特雷勒助理导演的克劳斯·迈克尔·格鲁伯将《特里斯坦与伊索尔德》一剧带入了魔幻般的虚无。早在1992年的萨尔茨堡，阿巴多就与格鲁伯合作将亚纳切克的歌剧《死屋》搬上舞台。这次，他将《特里斯坦与伊索尔德》的音乐画面描画得极其透明，几乎没有激烈化的情绪："不曾在一部作品中体验到即使在某些不协调的摩擦中也如此明亮、澄澈、清楚，韵律生机勃勃，在第一幕中偶尔甚至有要跃动起来的感觉。"阿巴多对其艺术精力掌控自如的特点，仅从其在两次萨尔茨堡音乐节指挥上演《特里斯坦与伊索尔德》间隙还能安排一部大部头的约翰·塞巴斯蒂安·巴赫的b小调弥撒就可见一斑了。

"爱与死"的系列在柏林持续了两个乐季，因其还关联了意大利文化中的同类"爱与死"。"特里斯坦与伊索尔德"系列的第一部分围绕德国和中欧文化传统中的神话展开，续篇则关乎以中古音乐和俄耳普斯为代表的地中海神话起源。阿巴多添加了一个蒙特威尔第的节目，在柏林室内乐音乐厅与女高音歌唱家安娜·卡特里娜·安托娜齐合作了《阿里安娜悲歌》中的"让我死吧"和充满戏剧色彩的牧歌《坦克雷迪和克洛林达之争》。

蒙特威尔第1624年上演的《坦克雷迪和克洛林达之争》展现

了出身于敌对族群的十字军骑士和伊斯兰女战士间至死方休的爱情和战争场面，在阿巴多眼中是意大利早期巴洛克音乐的扛鼎之作。他很早就肯定过蒙特威尔第的现代性："《坦克雷迪和克洛林达之争》中体现的那种伟大的戏剧表演自17世纪以来就是意大利音乐文化的典型特征之一，后来又被19世纪的歌剧传统所吸收……'爱与死'这对词组是整部《战争与爱情牧歌》的核心，也在《坦克雷迪和克洛林达之争》中有独特的力量。"阿巴多在谈话中提到，他曾读过两部对柏林神话主题影响重大的书：赖纳·马利亚·里尔克的《旗手克里斯托夫·里尔克的爱与死之歌》和托马斯·伯恩哈德的《在死亡时刻》。

作为"爱与死"系列的主要作品，阿巴多指挥上演了威尔第的男低音歌剧《西蒙·博格涅拉》，他由此回归到这部威尔第的巨作，一个有关14世纪热那亚政治的阴森隐喻，一个主角个人失败和戏剧性悲观主义的象征。继彼得·斯坦在萨尔茨堡复活节音乐节导演了全景版后，柏林爱乐乐团于2000年4月上演了该剧的纯音乐版。阿巴多想起当年施特雷勒导演了这部当时关注甚少的威尔第歌剧，也为他开启了米兰斯卡拉任上新的大门。现在他可以把这两人的演绎做个比较：施特雷勒版有"一种光芒四射的地中海特色"，"海洋占统治地位，也因此能同时获得离别和归来的印象"。而彼得·斯坦的版本"在大幕开启时就充斥着一股神秘又颓废的气氛"。

两位导演都"正确把握了个人与国家、个体与群体间的关系"。

"爱与死"系列长达两年之久。对阿巴多而言，《西蒙·博格涅拉》较之《特里斯坦与伊索尔德》更占据他歌剧戏剧学和源于威尔第的现实又政治诗意化的文学和生活观。他说，"《西蒙·博格涅拉》刻画了人被复仇欲驱使去战斗，但却对交流中的诡计一无所知的状态"。在他看来，威尔第在剧中传递的世界观和人性主义也堪称一座丰碑，这同时也描绘了他自己的人生哲学："威尔第要求要保持一个更大的距离，以更宏观的人性视角审视个人和民族所背负的苦难，以期找到一条确实行之有效的解决道路。生活方式是核心，它告诉我们，捍卫自己的感情是多么重要。"正因如此，阿巴多对《西蒙·博格涅拉》一往情深，一再向公众力荐这部大作，不论是在米兰还是意大利之外的莫斯科、华盛顿、巴黎的客座演出中，还是在慕尼黑、东京和柏林，都是如此。

系列九："世上的音乐原是个笑话"（2000/2001）

2000 年秋，克劳迪奥·阿巴多刚刚经历一次胃部大手术，癌症病情暂时得以遏制。时隔三月，当他重返柏林爱乐乐团时，明显憔悴虚弱了不少。但他坚持已定的东京之旅，为的是在东京文化会馆音乐厅指挥《特里斯坦与伊索尔德》。"对我来说，最好的良药就是做音乐"，这句他求生的信条被一再表露。阿巴多后来在谈话中承认，医生原本是建议他最好不要继续这次旅行演出："我柏林的医生表示，作为医生他必须力阻我参加这次巡演，但作为个人他为 11 月初柏林爱乐乐团的音乐会深受感动，还是建议我按时成行。"阿巴多东京之旅异常疲惫，必须连续数天在医院中度过，《特里斯坦与伊索尔德》的排练任务则由中提琴演奏家亨里克·舍弗接手。不久后阿巴多又赴罗马和维也纳连续巡演六场贝多芬全套交响曲和钢琴奏鸣曲音乐会，并与柏林爱乐乐团为此一起举行庆祝活动时，身体就更加不堪重负了。

在其柏林音乐会期间，阿巴多特别偏好进行音乐上的对照，譬如 2000 年 12 月初他指挥了一场纯瓦格纳节目的音乐会，包括歌剧《漂泊的荷兰人》《女武神》《特里斯坦与伊索尔德》和《帕西法尔》中的片段；在不久之后的柏林爱乐乐团除夕音乐会上，他又挑选了威尔第的歌剧选段。2001 年 1 月 27 日，阿巴多以威尔第纪念故友的《安魂曲》开启了这位作曲家逝世 100 周年纪念活动的序幕。

继瓦格纳作品音乐会之后的节目编排是一个 180 度的大反转，

极尽轻松愉快之能事。柏林爱乐乐团 2000–2001 乐季新的主题系列从威尔第最后一部歌剧《法尔斯塔夫》终章的赋格终曲"世界原是个笑话"中获取灵感，以享乐和愉悦为座右铭。因此阿巴多在《特里斯坦》和"柏林－萨尔茨堡"项目中的《帕西法尔》之间又指挥了抒情喜剧《法尔斯塔夫》，这也是他自上年在费拉拉与马勒室内乐团合作后再次指挥该剧。

长者智慧和老夫狂气将威尔第和他后来的门徒阿巴多联系在一起，但阿巴多在这部莎士比亚幽默剧中还听出了些别的意味："威尔第借《法尔斯塔夫》一剧留下了十分重要的一课，其众多创新也为 20 世纪音乐铺平了道路。其中戏剧和音乐方面可以视为一种'愉快的改革'。笑让意外发生，导致非常规的前景和情况反转。"在《法尔斯塔夫》中，大病初愈的阿巴多听到了长者作曲家威尔第那不可捉摸的笑声，这对他而言简直是意想不到的医术疗效。

柏林爱乐乐团新一轮的主题系列被证明是对传统节目的背离。2000 年 10 月，阿巴多指挥了一场杂糅歌剧和交响乐玩笑的"色彩丰富"的音乐会，既包括罗西尼、贝多芬、舒伯特、门德尔松，也包括尼古拉和施特劳斯，还有普罗科菲耶夫和斯特拉文斯基的作品。2001 年 3 月，这位指挥家更进一步，举行了一场令人瞠目结舌的音乐"舞会"，邀请了温顿·马萨利斯及其林肯中心爵士交响乐团与柏林爱乐乐团和柏林人声爵士合唱团共同演出，节目单上则是斯特拉文斯基的《探戈》《拉格莱姆》《爵士乐合奏的前奏曲》及《俄罗斯谐谑曲》，温顿·马萨利斯的《全球喝彩》，肖斯塔科维奇根据文森特·尤曼斯音乐剧《不，不，娜妮特》中的《鸳鸯茶》唱段改编的管弦乐作品《塔希提狐步舞》以及压轴的乔治·格什温的《波吉与贝丝》片段。

系列十：帕西法尔（2001/2002）

阿巴多在柏林最后一年的时光被朱塞佩·威尔第和理查德·瓦格纳的收官之作所占据——继幽默喜剧《法尔斯塔夫》后，节日祭祀剧《帕西法尔》又被搬上舞台。剧中古内曼兹骑士告诉少年帕西法尔的那句神秘格言成了柏林爱乐乐团最后一次系列主题的座右铭："在这里，时间成了空间。"

在准备阶段，阿巴多就由这句座右铭试图探索汉斯·夏隆设计的柏林爱乐乐团音乐厅的建筑哲学："我思考良久，将这样一部完美符合拜罗伊特声学效果的作品搬上柏林爱乐大厅是否可行……夏隆自己对'空间－音乐－人'的共同作用有自己独到的想法，

帕西法尔系列（2001/02）计划书

而且还将其在柏林爱乐乐团音乐厅天才般地实现了。我的梦想就是把这两个元素完美结合在一起。"

阿巴多在《帕西法尔》的总谱中还发现了为其打开通往现代音乐的时空大门，因为乐谱"特别清晰明了又有厚重感，在通览作曲结构外还回顾了过去，并以一种新的、现代化的和声技巧展望了未来。这部剧的音乐架起了从浪漫主义到20世纪音乐的桥梁"。

2001年秋，阿巴多指挥柏林爱乐乐团上演了半景版《帕西法尔》；次年 3 月，又与导演彼得·斯坦在萨尔茨堡复活节音乐节合作了该剧的全景版。两次演出标示着他与作曲家迪特·施内贝尔关于《帕西法尔》的想法十分契合，后者曾在瓦格纳作品导言《令人诧异的代表作》——一本"颇具艺术结构设计"的书中坦露，瓦格纳在本剧中将其"无尽旋律的理念"发挥到极致。阿巴多对《帕西法尔》的关注也符合施内贝尔的观察，即晚年的瓦格纳再次延续了《罗恩格林》的创作风格，《帕西法尔》一剧"正如阿多诺天才分析所显示的，是一部继续发展的音色作曲作品"。此外，该剧还是"德彪西风格的前驱"，这也是阿巴多在音乐结构上认可的。

说起该剧在萨尔茨堡复活节音乐节上的演出，导演的现代表现力方面与其说是不温不火，倒不如说是令人失望；而音乐方面，"柏林爱乐乐团温而不燥的表演"倒是收获了满堂彩，"对指挥家阿巴多这位现代派的朋友而言，《帕西法尔》是通向 20 世纪的开创之作，充满了精神深度和有魔力的理性。总谱中点石成金的旋律和精致的和声几乎不可逾越"。

在"帕西法尔"主题中，柏林爱乐乐团指挥席上的阿巴多发现了他最为偏爱的三部音乐作品，即阿诺尔德·勋伯格纪念大屠杀的康塔塔《华沙幸存者》和交响组曲《佩利亚斯与梅丽桑德》以及罗伯特·舒曼的抒情戏剧《歌德的浮士德场景》。首屈一指的当属 1994 年柏林爱乐乐团主题系列的主人公，贪念知识与爱情的浮士德，阿巴多对这个形象日渐感同身受，但也绝不让其暴戾的精神影响自身。

《帕西法尔》在萨尔茨堡复活节音乐节上演两天后，阿巴多一反常态，在舒曼《歌德的浮士德场景》的排练现场以音乐节艺术总监的身份向赞助者发表了临别致辞。他态度内敛、声音极轻地祝愿音乐节在"与如此精彩的一个乐团合作下"有更辉煌的未来。而他自己则要"花更多的时间学习"，他"意图也必须对音乐和艺术进行更深刻的研究"。

在欧洲文学和艺术中浸润多年的阿巴多从柏林任期的一开始就感到，其作为柏林爱乐乐团艺术总监的工作必须超越常规的乐团领导和音乐演绎艺术，而要找寻将音乐、戏剧、舞蹈、文学、电影、建筑、雕塑等不同门类的艺术在文化层面编织结合的方式。他对艺术和社会内在联系的看法使他能够研究各种艺术。"在柏林，"几年后乌尔里希·埃克哈特总结道，"他发现可以在历史启迪和政治进程中直面当下与未来，这对爱沉思的音乐家来说可谓正逢其地。"

第十三章

柏林爱乐乐团（下）

（1998—2002）

然而我们却被命运注定／无处栖身。

——弗里德里希·荷尔德林

1998 年 2 月 13 日，周五，克劳迪奥·阿巴多以一份简练的声明给公众扔下了一颗炸弹。彼时他正排练稍后将在菩提树下大道的柏林国家歌剧院首演的朱塞佩·威尔第《法尔斯塔夫》，在排练间隙与媒体的谈话中，他几乎捎带似的表示，不打算在 2002 年柏林爱乐乐团艺术总监合同到期后续签了。而究竟出于何种艺术或私人原因，他并没有说明。这给乐团带来了两种结果：团员可以继续与他共事四年，并从容地寻找继任者；同时，团员和公众也有足够的时间对他这一意料之外的生硬决定展开猜测。

　　此时阿巴多与柏林爱乐乐团的艺术总监合同期限还剩三分之一，日程上还有大批音乐会和巡演安排。1998 年，赴欧洲、美国及日本的音乐会巡演已经敲定，下个乐季的中心正是主题系列"爱与死的神话"，而阿巴多要在此次活动中首次指挥《特里斯坦与伊索尔德》。此时，柏林爱乐乐团刚刚向公众推出了以"我在哪儿都是个陌生人"为口号的"流浪者"系列——难道这也是阿巴多心生离别之念的座右铭？

　　阿巴多拒绝续约似乎与他作为指挥家应体现的艺术和身体活力相矛盾。他在 2000 年夏查出罹患癌症，不得不接受多次手术并在撒丁岛休养了三个月，但这些变故还为时尚早。他的放弃声明起效了，不仅巩固了阿巴多在乐团前所未有的声望，也在公众中强化了他个人的独立性。这个指挥家在世人面前表现出对个人自主性的认知，这就迥异于前任卡拉扬，他不会去期望总监职位"终身制"和权力滥用。

但公众和音乐节还是有很多疑问：阿巴多此时刚 65 岁，不续约是因为他觉得与乐团的关系生出嫌隙？柏林爱乐乐团方面是否对他丧失了信任，才导致他走出这一步？在柏林度过的时光里，他所获得的艺术灵感和成就比起预期是否显得不那么尽如人意？艺术总监肩负的计划压力与他自己的生活计划和自主需求相悖，是否让他感到太过压抑？

阿巴多自己并不想将不予续约的真实理由公之于众，只是以其略显距离的态度表示，要给私人生活留出更多时间。这位指挥家中有名的沉默寡言者所说的听起来简直有些反讽——他需要更多的时间去读书、漫步、驾帆和滑雪。与之相对的，外界猜测看起来似乎是可信的，即他受这个意见强硬、态度自负实则损耗精力的乐团的职务所累，不得不面对许多本不想应对的与团员间形形色色的交流问题。

关于乐团成员和他们已任职七年的首席指挥间的意见分歧、甚至是反目的谣言在媒体那里部分被放大了，而团员和阿巴多对此不知所措。1997 年 12 月,《法兰克福汇报》上刊登了一篇题为《这恼人的七年》的文章,描绘了阿巴多排练舒伯特歌剧《费拉布拉斯》的现场气氛,可以说是阿巴多与乐团间嫌隙蔓生:"排练拖拖拉拉,空气很是凝重。差不多一个小时后,歌唱演员开始做起了鬼脸……第二小提琴组中的一位突然站起,指责小号'太吵了'。"

而内部的责任和利益差不多已成常规问题,这主要与乐团迄今两面性的法律形式相关:柏林爱乐举办演唱会和旅行演出的费用由柏林市承担,而乐团的官方名称"柏林市爱乐乐团"也标注了其为柏林市政府的下属市政机构;但其日常业务则有自己单独的法人机构,即私营的"柏林爱乐民法公司",签约录制或电视转播以及所获收入都由乐团自己管理。由此产生利益冲突、财政和艺术争执也在所难免。这一纷争在卡拉扬时代后期就已公开激化,并被严苛的媒体公开斥责,譬如克劳斯·恩巴赫就于 1991 年发表了《支票奏鸣曲:古典音乐的百万游戏》一书。而对柏林爱乐乐团两面派做法日渐感到惊讶的阿巴多,很可能感觉自己成了这场摩擦中某种形式的替罪羊。直到 2000 年秋,也就是西蒙·拉特已经被选举为阿巴多继任时,乐团结构才通过成立了新的"柏林爱乐基金会"而得以纠正。

除此之外,阿巴多在柏林时还得忍受乐团内部的矛盾。在1996 年秋的主题系列开始前,刚刚在多个欧洲音乐城市取得了巡演佳绩的乐团面临一项人事决定，要聘任一位乐团常务总经理。这一职位要求颇高，且与乐团和首席指挥利益息息相关，但自瑞士人乌尔里希·迈耶-肖尔科普夫离任后已空缺数月。最终，德国交响乐团现任经理、社会学家埃尔玛·温加滕被任命为新一任经理。起初，他对乐团、主题系列的组织及必要的合作工作运转得还是高效流畅的，但随着时间推移，他对阿巴多的信任关系却日渐冷淡，两人之间的意见分歧和不相两立的问题自然也就悬而未决。2000年年中罹患重病并经历了一次癌症手术、极其虚弱的阿巴多在回归后就请辞去，体面地告别了温加滕。

阿巴多的去职声明与其后来跟温加滕分道扬镳并无关系。温加滕还抵制了柏林爱乐乐团一场古怪并配有争论、但被阿巴多所容忍的跨界演出安排，即与德国"蝎子"摇滚乐队在汉诺威展览会上合作一场音乐会——事实证明虽然策划颇出风头，但音乐效果着实让人大跌眼镜。

但阿巴多的去职声明终归引发了柏林爱乐一种新的生活体验，即使大获成功的旅行演出中也担忧艺术的一致性问题。1999年5月，乐团举行了一次大型环德巡演，10月又从波恩出发，作为文化大使赴莫斯科、伦敦、巴黎及华盛顿等二战中四个战胜国的首都举行巡演，时任德国总理格哈德·施罗德是这次名为"德国民主50年"巡演的倡导者。阿巴多在音乐会中指挥了沃尔夫冈·里姆的交响乐作品《双重深度》、德沃夏克的第九交响曲、贝多芬的第四交响曲及马勒的第三交响曲。在美国举行的六场音乐会中三场设在纽约，阿巴多指挥了布鲁克纳和马勒的第九交响曲。

柏林告别音乐会

在他告别柏林的音乐会上，阿巴多以独特的节目选择让公众和乐团最后一次大吃一惊。1966 年柏林爱乐乐团首次邀请时年 33 岁的这位来自米兰的指挥家一展风采，并聘为客座指挥。1989 年 10 月初，又委以艺术总监这一殊荣。乐团董事彼得·里格尔鲍尔在阿巴多 2002 年离别后还再一次表达了乐团乐手对他的敬重：他们称赞他为"一位真正的大师，一个深爱音乐的指挥家，受激情驱动终身服务音乐、探索音乐的深层本质，也因此极度厌恶过分突出个人的行为"。阿巴多作为柏林爱乐乐团首席指挥的告别音乐会自 2002 年 4 月 24 至 26 日连演三场，节目选择也与他的文化世界观相称，如约翰内斯·勃拉姆斯、古斯塔夫·马勒、德米特里·肖斯塔科维奇的作品，艺术涉及面之广泛与其个人见解相得益彰。

在音乐会的第二部分，阿巴多再次震撼了听众。了解这位指挥家不擅交际和表达的人肯定吓了一跳，因为看起来一直被重病所困的阿巴多，竟通过音乐语言吐露了他的艺术理解、美学和道德信念。

音乐会以荷尔德林的诗句开场："然而我们却被命运注定 / 无处栖身……"当约翰内斯·勃拉姆斯和许佩里翁的《命运之歌》这部合唱团和乐队的声乐作品响起时，阿巴多早就已被深深感动。"一位希腊隐士"，荷尔德林为此诗取的标题让阿巴多对这位前辈的生活体验感同身受。荷尔德林是威尼斯作曲家路易吉·诺诺晚年作品的诗学来源，也是阿巴多自与诺诺合作以来最钟爱的德国诗人。阿巴多曾在谈话中这样说，"路易吉·诺诺有一次问我，最喜欢《普罗米修斯》的哪一部分。我只说了一个词：荷尔德林。这位诗人是我的一个重大发现，因为我之前对他知之甚少。之后我把能找到关于他的资料和他所创作的诗歌全部读了。" 在告别音乐会上指挥勃拉姆斯的《命运之歌》，也算是为阿巴多对荷尔德林的崇敬盖章认证了。

接下来的五首古斯塔夫·马勒根据弗里德里希·吕克特诗作所作的套曲则展示了克劳迪奥·阿巴多的诗意世界观和马勒对其巨大的吸引力。马勒是他心目中由晚期浪漫主义向 20 世纪现代音乐过渡的最后一位大师，表现了不断追寻那早已被遗弃的美。《午夜》中对理想的梦幻体验和《我呼吸菩提树的馥郁芳香》中的亲近自然

西蒙·拉特（左）与克劳迪奥·阿巴多（右）在维也纳（2002 年 5 月 13 日）

陷入一种内心的分裂，而《我告别了尘世》又引诱听众探寻那份孤寂。套曲的第二首《如果你爱美人》则对 19 世纪末现实世界的虚幻价值提出了深切的质疑：诗中主角唱道，"假如你爱美人……假如你爱青春……假如你爱珠宝……"。伴随着音乐逐渐振奋，诗人在最后一节呼喊出："假如你渴望爱情……哦，请来爱我！永远爱我，如同我永远爱你！"这首谱于 1901 年的歌曲是马勒唯一一首纯纯的"情歌"，准备献给他当时还在苦苦追求的阿尔玛·辛德勒。

阿巴多的柏林告别音乐会中还探寻了人性的深不可测。在勃拉姆斯和马勒的音乐之后，舞台布景换成了电影院－音乐会礼堂的形

维也纳告别音乐会后的凯旋（2002 年 5 月 13 日）

式，演出席上悬升起一块巨大的银幕，在音乐厅其他位置看来似乎
是等待一场不同寻常的终章。阿巴多指挥了在西欧知者甚少的，由
德米特里·肖斯塔科维奇为格里高利·柯静采夫的莎士比亚电影《李
尔王》所作的配乐。阿巴多之前对肖斯塔科维奇的交响乐一直甚少
关注，他和路易吉·诺诺也一直认为他缺少与时代相符的现代性，
但现在却突然投身他晚年的电影音乐作品中。阿巴多大概也想起朱
塞佩·威尔第毕生都想创作一部《李尔王》歌剧，但可惜并没有实
现。肖斯塔科维奇在 1941 年就已为柯静采夫的列宁格勒版《李尔王》
戏剧谱过曲，但直到 1970 年才为其后表现主义风格浓郁的同名

黑白影片配乐。此次音乐会上，两版《李尔王》配乐都上演了。

在此次告别音乐会上，阿巴多把柏林爱乐所有的音乐会惯例都抛诸脑后，在演奏肖斯塔科维奇的《李尔王》音乐时将柯静采夫那部恶魔般的电影画面在多块银幕上放映，同时显示的还有克劳斯－彼得·格罗斯缩略过的文本，并播放了鲍里斯·帕斯捷尔纳克的部分俄文译文。肖斯塔科维奇详细规定了他莎士比亚乐谱中的音乐重点和作为配乐的交响乐特点——这也是阿巴多所关注的，并强调指出"作曲家可没义务充当音乐的插画家"。这首为管弦乐队和合唱团所作的怪诞的乐诗，其歌曲和激进的节奏中充斥着老国王和臣民的悲剧及莎士比亚戏剧中人性的灾难，阿巴多和柏林爱乐乐团将肖斯塔科维奇音乐中的控诉和荒芜以一种先古的冲击力表现得淋漓尽致，无可比拟。

这真是指挥家"超越交响乐"的告别呀！阿巴多的告别音乐会中，他的艺术和现实生活主题比比皆是，譬如他对文学、戏剧和电影的热爱，对俄罗斯音乐的偏好，对神话和历史的兴趣等等。这是一个没有自我肯定姿态的音乐家，一个在灵魂间漫游的大使的告别终章。

告别音乐会收获了大批对克劳迪奥·阿巴多的音乐和文化工作的赞扬。几日后，他又获得了政界的社会认可，时任德国总统约翰内斯·劳邀请阿巴多、柏林爱乐乐团及部分工作人员和朋友赴总统府，为其颁发德意志联邦功勋十字勋章。乐团圆号演奏家兼主持人克劳斯·瓦伦多夫在致辞中概括了这位年近 70 的指挥家的特点："亲爱的克劳迪奥，你从不追慕盛名，但盛名自不负你。"

在柏林的终章还有许多未竟的余波：阿巴多和柏林爱乐乐团启程赴意大利和维也纳巡演。5 月 1 日，他们在阿巴多母系先祖的故乡巴勒莫举行欧洲音乐会，阿巴多指挥了贝多芬、勃拉姆斯和德沃夏克的作品，并加演了威尔第歌剧《西西里晚祷》序曲。在接下来的那不勒斯、佛罗伦萨、费拉拉、布雷西亚和都灵的音乐会中，轮番上演了马勒第七交响曲、勋伯格的交响诗《佩利阿斯与梅丽桑德》以及马勒的《吕克特歌曲》。

5 月 12 日和 13 日，在维也纳音乐协会大厅举办的两场音乐会是阿巴多以柏林爱乐乐团首席指挥身份指挥的最后两场演出，也算是乐团的"阿巴多时代"的收官之作。他指挥演出了个人非常喜爱的表现主义音乐童话，勋伯格的交响诗《佩利阿斯与梅丽桑德》、马勒的《吕克特歌曲》和第七交响曲。马勒交响曲结束后，维也纳的音乐朋友为这位在维也纳求学时就与马勒和勋伯格深深结缘、30 年后又重返维也纳国家歌剧院担任音乐总监的指挥家送上了史无前例的欢呼：数千束玫瑰花掷向舞台形成花海。当柏林爱乐乐团已谢幕良久时，维也纳的观众仍在为音乐家和指挥鼓掌欢呼，阿巴多虽过去引发争议，但此时却给维也纳无限感动。他最后只能挤出一条道路，但还是频频致谢，接受合影和拥抱。

但阿巴多自己的演出季远没有结束。就在同月，他在巴黎指挥欧洲室内乐团演出并庆祝了该团成立 20 周年。之后又赴佛罗伦萨五月音乐节，与导演彼得·斯坦合作了威尔第的歌剧《西蒙·博格涅拉》。之后便是率古斯塔夫·马勒青年交响乐团进行巡演，举办音乐会及两场《帕西法尔》演出——一场在爱丁堡，上演了彼得·斯坦导演的全景版；另一场则是琉森音乐节上的纯音乐版。

克劳迪奥·阿巴多在柏林的最后几年是在病痛、自由选曲和提早宣布告别中度过的。他的声望由此提高，乐团的演奏也更具艺术性。尽管与乐团存在种种误解和分歧，并可能最终导致了他的去职，但柏林爱乐乐团的"阿巴多时代"仍是一个伟大的时代。

第十四章

友朋乐团：琉森

（2003—2013）

音乐表达就是拟人化。

——塞尔吉乌·切利比达克

当克劳迪奥·阿巴多 1998 年 2 月公开表示不再于 2002 年合约到期后继续担任柏林爱乐乐团艺术总监一职时，他可能已经考虑到了其艺术前途问题。一个愿望可能早就在他心中酝酿了，那就是与一个"不一样"的乐团、一个完全自主、没有对上级义务的乐团一起演出。

1999 年春，这个愿望开始成型。正在萨尔茨堡准备《特里斯坦与伊索尔德》时阿巴多邀琉森音乐节经理迈克尔·哈夫利格会面，提议重组有悠久传统、但已于 1993 年解散的瑞士音乐节交响乐团。"阿巴多想法很明确，要组建一个由他的亲密好友和他十分重视的马勒室内乐团为基础的核心乐团。"哈夫利格意识到这是一个文化获益的绝好机会，但他并没有忽视可能存在的问题，因为他也知道，"一旦阿巴多说了什么，就表示他是深思熟虑过的，就预示进展也会很顺利。这是让人特别兴奋的一点。"在哈夫利格眼中，阿巴多"在所有他所参与的有等级划分的组织中，都是一个音乐家，一个总在追寻自由的首席指挥或艺术总监"。

琉森节日乐团

　　阿巴多希望组建一个自由新乐团的愿望变成了现实。与他所在的青年交响乐团不同，阿巴多和哈夫利格多次邀请大型乐团经验丰富的演奏家、他交好的音乐家和知名的歌唱家共同演出。在他告别柏林爱乐乐团一年后的 2003 年夏天，阿巴多就在琉森音乐周上首次指挥琉森节日乐团，初次亮相就立刻折服了音乐文化界。

　　琉森节日乐团的成功基于两方面：一是阿巴多长期专注的乐团工作经验，二是其特有的音乐理想，使其终于聚集了一群不图乐团规模和待遇、不计出场费和时长，只为献身音乐，像朋友一样开诚布公的音乐家合作。之所以能够成行，缘由在于阿巴多能将这些专业的、自幼对音乐怀有热忱的乐团乐手与他自身对音乐的热爱及室内乐理念和演出形式等创新结合在一起。

　　琉森节日乐团的团员们对他的音乐信条都非常熟悉：阿巴多不让乐团受唯指挥之命是从的常规风气左右，而是引导团员们自主地共同合作，以此强化各器乐组间互相倾听的习惯，而不是各自为大。按照阿巴多自幼的音乐经验，器乐组内部互相倾听和共同演奏的做法也适用于复杂乐团的整体，就好像进行一场你来我往的谈话一样。"我觉得挺好的，"阿巴多之后谈及在琉森的工作体验时说，"因为我们可以彼此交流。有什么事情都可以马上优化，但听几乎比说还要重要。在排练中我从不说'这儿或那儿不对'之类的话，我只会说：'你们听到了吗？听到其他的器乐组也在演奏同一段落吗？'倾听是演奏中最重要的部分。"正因如此，他才能在执棒琉森节日乐团的 10（2003—2013）年内，创造他这个年纪的音乐"奇迹"，而琉森也成为他晚年的艺术故乡。

新乐团坐落在一派田园风光的流森湖畔，其地理位置形成了一个强有力的音乐基准点，也藏着阿巴多一段回忆：他那位颇具传奇色彩的同胞阿尔图罗·托斯卡尼尼在 1938 年奥地利被纳粹德国吞并后就辞别萨尔茨堡复活节音乐节，并于同年在此创立了一个"精英交响乐团"，即琉森节日乐团的前身。其主体团员来自日内瓦瑞士罗曼德乐团，而弦乐部的领头人则是大名鼎鼎的布什四重奏。托斯卡尼尼在理查德·瓦格纳曾避居六（1866—1872）年的别墅前举行了一场"庆典音乐会"，并指挥了瓦格纳盛大的《齐格弗里德牧歌》，以此拉开了琉森音乐节的序幕。

阿巴多对琉森十分熟悉，他曾于 1988 年 8 月 25 日在此参加托斯卡尼尼音乐会 50 周年庆典，并与欧洲室内乐团合作了瓦格纳的《齐格弗里德牧歌》。自他于 1966 年在琉森完成首秀至他与音乐节经理迈克尔•哈夫利格成立新乐团前，他曾指挥过十余次琉森音乐节的演出。

阿巴多的朋友们都乐于将琉森音乐节称为"琉森的奇迹"。为了这个奇迹，一开始就新成立了两个机构，即皮埃尔•布列兹任艺术总监的琉森节日学院和阿巴多的琉森节日乐团。这究竟是怎么实现的呢？"阿巴多不是竣工者，也不是召集者，"迈克尔•哈夫利格在 2012 年表示，"他创建每个乐团都是不疾不徐的，从另一个乐团中脱胎而来；他看得远，想得长久，愿意倾听，无论在哪儿都手握决策权。"晚年的阿巴多和布列兹正是以其艺术才智和个人魅力对乐手们施以影响，促成了乐团非凡的演奏艺术和学院的创新力。

在阿巴多看来，新乐团的根基在于友谊至上原则，因为室内乐演奏"就是友朋间的事"，当他回顾琉森岁月时如是说。友谊于他而言首先与情感相关："当我研究一本总谱时，我就全心倾注在音乐中。这也自然会感染到整个乐团。当然了，这个过程需要一步步来，总会花费一点时间。一开始乐手们也许理解得不很透彻，不知该向哪个方向走，但慢慢地对音乐之爱也就在乐团中滋生了。"

阿巴多节日乐团的灵感似乎来自托斯卡尼尼的琉森"精英乐

团"。和那时一样，乐团主体是一个现成的交响乐团，即阿巴多数年前创建的马勒室内乐团，由小提琴家、后成为指挥家的安东内罗·马纳科达任乐队首席。知名的独奏家和室内乐手从此纷至沓来，其中包括哈根四重奏、莱比锡弦乐四重奏及阿尔班·贝尔格四重奏的成员。两位法国弦乐演奏家，雷诺和戈蒂埃·卡皮桑甚至乐于毛遂自荐，同道者还有中提琴演奏家安托万·塔莫斯提、俄罗斯大提琴演奏家娜塔莉娅·古特曼和维也纳爱乐乐团的低音提琴演奏家阿洛以斯·波施。

新乐团的演奏文化堪与当代最高水准的乐团文化比肩。柏林爱乐乐团乐队首席、小提琴演奏家科尔加·巴列夏、大提琴演奏家乔治·浮士德和马丁·勒尔及圆号独奏家斯蒂凡·多尔纷纷加盟。但出于时代原因，自阿巴多离任后已聘任西蒙·拉特的柏林爱乐乐团对参与琉森的工作感到不妥，长笛演奏家伊曼纽尔·帕胡德、双簧管演奏家阿尔布莱希特·迈耶和竖琴演奏家玛丽-皮埃尔·兰格拉美加入后又退出了乐团。阿巴多又从其他大乐团挖来了乐队首席和各声部首席，如维也纳和慕尼黑爱乐乐团的团员，莱比锡格万德豪斯乐团、萨克森国立乐团、班贝格交响乐团、苏黎世市政厅交响乐团和柏林德意志交响乐团的音乐家。

木管声部因杰出的双簧管演奏家萨宾娜·迈耶及其乐队的加盟而显得熠熠生辉。小号独奏家赖因霍尔德·弗雷德里克及其学生领衔铜管声部。数年间，还有阿巴多的青年交响乐团团员及之后来自意大利、特别是来自其于 2004 年在博洛尼亚创建的莫扎特管弦乐团的青年乐手加入，而这个莫扎特交响乐团中同时也有数位琉森节日乐团的音乐家坐镇。

对所有这些艺术家而言，在克劳迪奥·阿巴多的乐团中共同演奏意味着一种临界的经验、一份出乎意料的灵感。萨宾娜·迈耶称，他们都急切于能在一部大型的马勒交响曲中合作并从乐队视角感受音乐。中提琴独奏家沃尔弗拉姆·克里斯特现在已是弗莱堡大学的教授，他深知这个新乐团的"秘密"："与世界级的老牌乐团相比，决定性的区别在于它的 130 个成员总是为一个宏伟的理想全心投入……在这里做音乐不是上班。"在这个乐团里，"永远不要指望按部就班一成不变，因为你永远都不知道，克劳迪奥下次想往哪个方向发挥"，小号独奏家赖因霍尔德·弗雷德里克如是说。

音乐家的艺术自主、彼此拉近距离并以朋友相处的意义就在于，将他们的职业自信心自发地转变成一种家庭的感觉。一个独一无二的乐团在精神和音乐上的同质化油然而生，依照丹尼尔·哈丁的观察，在克劳迪奥·阿巴多"全身心投入和精确要求下，这种同质化使乐团内这么多强烈的个性彼此平衡，形成了一个真正的整体"。

克劳迪奥·阿巴多与琉森节日乐团

　　琉森节日乐团的理想家园坐落在琉森湖岸边、由法国建筑师
让·努维尔设计的新文化会议中心的主音乐厅。开幕式上连续三场
音乐会显示了克劳迪奥·阿巴多的艺术追求和新乐团的音乐审美特
质。2003 年 8 月 14 日举行的"庆典音乐会"凭借理查德·瓦格纳《女
武神》中沃坦的告别和魔火片段，再次唤起了人们对托斯卡尼尼
当年琉森庆典音乐会的回忆。其后，乐团演奏了德彪西神话剧《圣
塞巴斯蒂安之殉难》中的套曲以及交响诗《大海》。两天后，阿
巴多指挥较小阵容的乐团演奏了约翰·塞巴斯蒂安·巴赫的六首勃
兰登堡协奏曲。又过了两天，阿巴多指挥了马勒的《复活交响曲》，
这部作品也是阿巴多自己的"幸运乐曲"，数十年前这位 33 岁的

指挥家在维也纳爱乐乐团音乐厅和萨尔茨堡复活节音乐节首演时就选用了这一作品。

公众对乐团首次亮相反响热烈。"创新性、独特性、热忱和专长阅历都达到了一个非凡的高度，显示了一种类似古欧洲的惊人演出技艺，并保留了奢华和神秘彼此交融的独特案例"，柏林一家日报如是报道。或是："不言而喻，一切尽在这里。"最精简的总结则是："阿巴多点燃了魔法。"

关于新乐团的品级和自我定位，单单从开幕周中乐团的音乐名家演出的六场室内乐音乐会就可见一斑了。马勒室内乐团也在阿巴多的年轻弟子、丹尼尔·哈丁指挥下奉献了自己的一套音乐会曲目。

拜受阿巴多灵感和个性化影响的节日乐团及皮埃尔·布列兹治下的琉森音乐节学院所赐，琉森一跃成为欧洲音乐文化中心。在布列兹2016年逝世后继任学院艺术总监的沃尔夫冈·里姆，在琉森与上述两位音乐家会面时就立刻意识到他俩是极具艺术价值的重量级人物。"其自我与工作的美学核心，是对日常生活中的奇特对象，做细致周到与客观冷静、自由与热情的协调统一"。根据里姆的观点，这里"闪烁着光芒。但这并不是目的，也许就是个副产品。"他从琉森这两位伟大的前辈那里感受到了一种绝无仅有的艺术收获，这也使他做出如下论断："布列兹和阿巴多规定了一种必须遵守的标准。"

自 2003 年起，饱受疾病困扰却从未屈服的指挥家坚持每年暮夏在琉森举办四场交响音乐会，并包含两套不同的节目单。其晚年与琉森节日乐团的合作不仅分量举足轻重，节目选择上也是丰富多彩，主要涵盖古典－浪漫时期的经典作品。与其在柏林爱乐乐团举办的音乐会偏向戏剧性不同，当代和现代音乐在他此时演出中的比例已经小得多了。

阿巴多在琉森节目单的主线自然是古斯塔夫·马勒和安东·布鲁克纳的交响曲。音乐节开幕时他就指挥上演了马勒的第二、第五交响曲，次年又演出了第七交响曲。第六、第三、第一、第四、第九及第十交响曲的"柔板"乐章也陆续上演。马勒的第八交响曲，即"千人交响曲"原计划于 2012 年上演，但阿巴多最终取消了。关于布鲁克纳的作品，他陆续指挥了第七、第四、第五交响曲及晚期维也纳版本的第一交响曲。在 2013 年夏他的最后一次琉森音乐会上，还指挥了布鲁克纳最后一部，也是未竟之作——第九交响曲。而那首"献给奥皇弗朗茨－约瑟夫一世"的第八交响曲，也是布鲁克纳所有交响曲中最厚重、时长最长的作品，阿巴多却一反常态地终其一生没有触碰过。

当阿巴多还在维也纳音乐学院求学时，就发现了古斯塔夫·马勒的音乐世界。其师汉斯·施瓦洛夫斯基严格要求学生们认真研究古典和浪漫主义音乐时期的总谱，并特别关注贝多芬、勃拉姆斯、布鲁克纳和马勒的交响曲。阿巴多后来说，他那时就发现马勒的交响曲乃是"浪漫派到维也纳学派的一座桥梁"，也尝试理解了指挥家同胞阿尔图罗·托斯卡尼尼为何"处理马勒音乐时会颇有难度"。但与之相反，阿巴多极其相信情绪的凝聚力，并对老一辈赞叹不已："门格尔贝格、布鲁诺·瓦尔特和伯恩斯坦都深深热爱着马勒的音乐。"与向学生们大力推介马勒的创新不同，施瓦洛夫斯基认为他的"多主题"很难传授，在他看来，原因则是"迄今为止马勒厚重的写法对听众的听力和音乐理解能力要求过高，因为总有或多或少的主题元素必须同时奏响并完成理解"。施瓦洛夫斯基当时对乐谱的"无限忠诚"和关于音乐的"深厚学识"是对阿巴多最大的激励。

在纽约给当时与纽约爱乐乐团合作录制了全套马勒交响曲的列奥纳德·伯恩斯坦当助理指挥时，阿巴多对马勒这位作曲大师的崇敬日益滋生。他对马勒音乐的分析理解在之后的八年里——在伦敦、芝加哥，但主要是在柏林——日益深厚。但在成绩蒸蒸日上的年纪，阿巴多却陷入了灵魂深渊，陷入马勒的病态美和撕裂的世界观中，即"世界迷失了"。而与琉森节日乐团合作时，阿巴多对马勒的研习终于臻于化境，但也自此走向完结。相关马勒作品的演出魅力四射，震惊四座，被视为意味着"感官的高度敏锐化"，"如细腻感知世界的听觉乌托邦一般直击感官深处，创造了音乐至美"。

对文本的精准解读、多层次的动力和发声、对马勒的自然观和思想观的艺术再加工、声音形象的透明度和广度等要素构成了阿巴多晚年对马勒作品的诠释。可以说，他对马勒的认识与在维也纳求学时的练耳经历关系匪浅，这当然要拜马勒的学生、年迈的指挥家布鲁诺·瓦尔特所赐。瓦尔特在垂暮之年依然对这位良师赞誉有加，因为他认为马勒那"波澜起伏的音乐内在世界、激情四射的人性、诗意化的想象、哲学想法和宗教感受"正是他自身的力量。阿巴多由此能在密弓弦声中平衡马勒音乐中的哲学深度和情感广度，这在柏林后期及琉森时期都是独一无二，甚至有点魔法色彩的。在音乐会上，阿巴多通过让乐团自发地倾听、演奏和感受，便可以充分发挥他的音乐表现力和说服力。他年少时在室内乐领域的所学所知，使其晚年指挥乐团的风格炉火纯青——对交响乐的塑造正如塞尔吉乌·切利比达凯对乐手的要求一般："音乐表达就是拟人化。"

2003 年 6 月的琉森夏季音乐会正值阿巴多七十大寿，这被视为文化界一件非同凡响的音乐大事，主要是因为他与古典－浪漫主义音乐传统的关系已达到了共生的程度。在其第二次琉森音乐会上，阿巴多除了马勒的第五交响曲外，还贡献了他在柏林演出《特里斯坦与伊索尔德》的经验，指挥了该剧的第二幕纯音乐版。2005 年，他又指挥了布鲁克纳和马勒各自的第七交响曲及阿尔班·贝尔格和弗朗茨·舒伯特的乐队歌曲。而对于保守的琉森听众而言，阿巴多指挥的路易吉·诺诺的《普罗米修斯》肯定是一个巨大的震撼。

之后的琉森音乐节带来了更多的交响乐巨作，包括马勒的第三和贝多芬的第九交响曲（2007）、柏辽兹的《幻想交响曲》、德彪西的《夜曲三首》和斯特拉文斯基的《火鸟》（2008）、马勒的第一和第四交响曲（2009）及马勒的第九交响曲和贝多芬的半景版歌剧《费德里奥》（2010）——阿巴多曾于两年前与马勒室内乐团在艾米利亚–罗马涅大区合作过这部贝多芬唯一的歌剧，并在马德里和巴登–巴登也上演过该剧。2011 年的音乐节上，除布鲁克纳的第五和莫扎特的"哈夫纳"交响曲外，他还指挥了马勒第十交响曲中的柔板乐章。2012 年的曲目则是贝多芬的《埃格蒙特序曲》和莫扎特的《安魂曲》。在 2013 年他最后一个琉森音乐节上，阿巴多除了指挥贝多芬的《英雄交响曲》，还指挥了舒伯特的《未完成交响曲》，并在音乐节后半程中，将他漫长音乐生涯的最后一个节目留给了布鲁克纳未完成的第九交响曲。这一作品也像是奏响了这位已明显衰弱不堪的指挥家的离别之声。

在其他部分节目中，阿巴多选择了贝多芬、勃拉姆斯、普罗科菲耶夫和拉赫玛尼诺夫的协奏曲，并邀请阿尔弗雷德·布伦德尔、毛里奇奥·波利尼、埃莱娜·格里莫、王羽佳、拉杜·鲁普等演奏家合作。他还热衷于莫扎特的咏叹调和德彪西、阿尔班·贝尔格及马勒的交响诗，并与玛格德莱娜·科泽娜、塞西莉亚·芭托莉、艾琳娜·嘉兰莎和克里斯蒂娜·舍费尔等演唱名家在琉森舞台上有过合作。

阿巴多在琉森的音乐之光遥映千里。每年他都要率琉森节日乐团进行巡回演出，每次都有事先精心准备的曲目，并伴有乐队成员的室内乐音乐会。2005 年的目的地是罗马、东京及伦敦，阿巴多还在伦敦皇家阿尔伯特大厅举行的 BBC 古典逍遥音乐节上指挥了马勒的第三交响曲，但因病缺席了之后赴纽约的旅行演出。2008 年，阿巴多率琉森节日乐团赴维也纳音乐协会，2009 年赴北京，2010 年则是马德里和巴黎，2011 年是巴黎、伦敦和巴登－巴登。阿巴多与乐团的最后一次巡演在 2012 年 9 月举行，先后赴维也纳、莫斯科、汉堡和费拉拉四个欧洲城市，演出了布鲁克纳的第一交响曲，并与毛里奇奥·波利尼合作了莫扎特的 G 大调钢琴协奏曲 KV453。

在其艺术生涯的最后 10 年，阿巴多致力于规划他新的音乐道路和舞台。沉疴在身和 2002 年告别柏林爱乐乐团是一个重大的转折，给予他更深层次创作的动机和动力。其间，他的责任心、旅行演出和工作辛劳剧增，给健康造成沉重的负荷：每年都与琉森节日乐团举行音乐会和巡演，2004 年在博罗尼亚创建了莫扎特乐团并率其在意大利举行音乐会和旅行演出、参加传媒项目、录制唱片，在委内瑞拉和古巴举行音乐会、创办工作室，继续率古斯塔夫·马勒青年交响乐团举办音乐会，以及每年一次回归柏林爱乐乐团进行指挥……在人生的最后八年，阿巴多还为相关的艺术家和乐团争取到了一份颇为丰厚的累进制工作津贴。各项荣誉称号也纷至沓来，2003 年他在东京被授予日本艺术协会颁发的"日本皇室世界文化奖"，其后还有伦敦皇家协会颁发的金质奖章，剑桥、阿伯丁和费拉拉等大学的荣誉博士学位。

屡次重返柏林

自 2002 年后，在阿巴多在其日程中就成了柏林的常客。柏林爱乐乐团邀请这位辞别的指挥家定期回归。阿巴多的柏林新年音乐会又唤醒了关于柏林时期交响乐团排练的记忆，也为柏林音乐界的公众和乐团自己提供了机会，能在这位指挥家晚年重新领略他已臻化境的音乐妙境。

与友合鸣：毛里奇奥·波利尼与克劳迪奥·阿巴多在舒曼钢琴协奏曲排练中

252

2004 年，阿巴多就在柏林爱乐乐团指挥过马勒的第六交响曲及瑞士作曲家弗兰克·马丁的《每个人的六段独白》。在他晚年在柏林的客座演出中，他尤其偏爱其所推崇的那些作曲家的"冷门"作品，譬如极少见的弗朗茨·舒伯特为女中音、合唱队和乐队所作的浪漫主义戏剧配乐《罗莎蒙德》以及约翰内斯·勃拉姆斯根据歌德戏剧《托夸多·塔索》为男高音、男声合唱团和乐队所作的康塔塔《里纳尔多》。他还指挥了罗伯特·舒曼为拜伦诗剧《曼弗雷德》所作的配乐。就在 2011 年 5 月 18 日，即古斯塔夫·马勒逝世100 周年当日，阿巴多指挥柏林爱乐乐团演出了马勒的《大地之歌》和其未完成的第十交响曲中的柔板乐章，之前他还指挥乐团演出了阿尔班·贝尔格的歌剧《璐璐》中的管弦乐曲。次年的曲目则是伊莎贝拉·浮士德担任独奏的小提琴协奏曲和罗伯特·舒曼的第二交响曲。在 2013 年 5 月他最后一次柏林音乐会上，阿巴多指挥了费利克斯·门德尔松的戏剧配乐《仲夏夜之梦》和埃克托·柏辽兹的《幻想交响曲》。

柏林爱乐乐团的音乐家们深知，阿巴多时代对他们意味着什么。低音提琴演奏家、乐团董事彼得·里格尔鲍尔在阿巴多辞别后曾这样总结："在阿巴多麾下，柏林爱乐乐团的音乐更加澄澈，我们的演奏更加灵活自如，乐团也更有活力了。"

第十五章

意大利和拉美

罗伯特·萨维亚诺曾说过：遇见克劳迪奥·阿巴多，

就是遇见一种理念。

——亚历桑德拉·阿巴多

自 1986 年辞别米兰斯卡拉歌剧院后，阿巴多的艺术之路就与意大利渐行渐远。但他在柏林和维也纳爱乐乐团时期还曾返意指挥过客座演出，他的祖国也希望有朝一日能在斯卡拉这个"故居"再次欢迎他的演出。有关他的学术研究也在时时关注着他，譬如罗马第一大学的文化学者玛丽亚·维托里亚·阿帕亚就曾于 2014 年以阿巴多的文化自律和其在意大利开展的社会活动为题撰写了博士论文。

　　无论在柏林还是维也纳，阿巴多都没有淡化他与意大利的联系。当然了，自他与米兰斯卡拉歌剧院令人失望的分别后，他也刻意避开与意大利歌剧院和交响乐团的往来，取而代之转向其女亚历桑德拉从事文化政治和机构管理的意大利北部城市费拉拉，并在那儿创立了一个可以自主做音乐的个人平台。自 90 年代早期起，他就与欧洲室内乐团合作，在费拉拉——艾米利亚－罗马涅大区内这座临波河而建的中世纪文化和大学城的社区剧院里进行演出。阿巴多在这里指挥了罗西尼的《兰斯之旅》和《塞维利亚的理发师》，之后又陆续指挥马勒室内乐团和欧洲室内乐团上演了莫扎特的三部达庞蒂歌剧，即《费加罗的婚礼》《唐乔瓦尼》和《女人心》，以及之后的威尔第的《法尔斯塔夫》。拜阿巴多所赐，费拉拉在艺术上获得了复兴，并在其逝世后不久就决定，将1978年成立的社区剧院更名为"克劳迪奥·阿巴多剧院"。

莫扎特乐团

2004年，阿巴多在博洛尼亚成功创建了一个新的、也是他人生中最后一个交响乐团。"莫扎特乐团"这个名称旨在纪念2006年莫扎特诞辰250周年。乐团演出是历史悠久的博洛尼亚爱乐学院的一个本土特色项目，而博洛尼亚也曾是14岁的莫扎特演出过的地方。长久以来，阿巴多一直通过他与意大利艺术家和文化创业者或对文化感兴趣的经济和政界人士的关系寻找资助音乐及他自己项目的新道路。新乐团由博洛尼亚储蓄基金会负责，储蓄银行行长兼任乐团董事。

博洛尼亚莫扎特乐团与阿巴多之前建立的其他青年乐团不同，其创建者们更想建立一个小规模的琉森节日乐团，按阿巴多的愿望，他们计划邀请全欧洲有才华的青年音乐家与大型交响乐团有经验的演奏家一起在当地或旅行演出中合作。

与这个扩大版的室内交响乐团一起，阿巴多奉献了许多莫扎特作品的经典演出，其中部分直接以现场录音方式发行，譬如几部莫扎特的大型交响曲、与朱里亚诺·卡米诺拉合作的小提琴第五协奏曲、小号协奏曲及阿巴多逝世前几个月与钢琴家玛尔塔·阿格里奇在琉森合作的两首钢琴协奏曲 KV503 和 KV466。录音完美地记录了阿巴多的晚年风格：音乐在沉思中流淌，器乐旋律强弱分明又极澄澈，近似于历史上的演出实践。重新审视下，阿巴多指挥棒下的莫扎特仿佛是那位写出《圣母悼歌》的那不勒斯的巴洛克大师乔瓦尼·巴蒂斯塔·佩尔戈莱西一般独一无二的作曲家。

在演奏了罗伯特·舒曼的第二交响曲、弗朗茨·舒伯特伟大的 C 大调交响曲及与小提琴独奏家伊莎贝拉·浮士德合作了贝多芬和阿尔班·贝尔格的小提琴协奏曲后，克劳迪奥·阿巴多麾下的莫扎特乐团已是公认可比肩那些传统大型乐团的高水平团体了。伊莎贝拉·浮士德将其与这位指挥家及莫扎特乐团的合作视为一次难得的艺术经历："与克劳迪奥·阿巴多合作真是无上的荣光，是一把通往音乐魔法真正的钥匙。"这位演奏家写道，阿巴多在排练前邀她赴博洛尼亚，"以便一起过遍总谱"。她还仔细观察了他的工作方式："我站在他身边，手握弓弦，研究每个细节。这是我第一次有机会看到他细细揣摩每个小的重音、停顿和线条。"据她说，阿巴多对乐曲的准备时间长达数月，"即使他以往已指挥过数千次了。这些曲子听起来可能是浪漫的，或许早就陈腐乏味了，但他总有特别的一套办法能让它又燃起火花"。

而与马勒室内乐团在意大利的合作中，阿巴多则选择将两部全本歌剧搬上舞台。2005 年，由其子丹尼尔导演的莫扎特的《魔笛》在艾米利亚－罗马涅大区上演，随即又在巴登－巴登和爱丁堡举行了巡演；2008 年，由年轻的电影导演克里斯·克劳斯执导的贝多芬的《费德里奥》在艾米利亚－罗马涅大区和费拉拉上演，之后又在巴登—巴登和马德里演出。

博洛尼亚莫扎特乐团成为克劳迪奥·阿巴多晚年在琉森节日乐团之外的第二个音乐故土——一个不仅在艺术上非常特别的乐团。较之琉森，阿巴多将音乐具体植根于社会的愿望在博洛尼亚获得了更热烈的反响。因为莫扎特乐团自身也积极投身社会工作，发起了名为"塔米诺"和"帕帕盖诺"的两项长期项目，以期通过音乐治疗对抗意大利文化的分崩离析。"塔米诺"项目旨在乐团音乐家的协作下，对博洛尼亚医院的儿童及其家属进行音乐抚慰，让他们参与音乐互动。"帕帕盖诺"项目内容涉及乐团和音乐会，自 2005 年起为监狱犯人演奏音乐，向他们做音乐演讲并展开交流。

就此，博洛尼亚莫扎特乐团与之后的"克劳迪奥·阿巴多基金会"及由亚历桑德拉·阿巴多领导的"莫扎特14协会"一样，成为音乐教育工作的实践典范，并在阿巴多身后继续运转。亚历桑德拉·阿巴多直到今天始终坚信这份信念源自其父克劳迪奥·阿巴多的力量："罗伯特·萨维亚诺曾说，遇见克劳迪奥·阿巴多就是遇见一种理念。如果此言不虚，那么也该相信，这种理念不灭，会在他人的期待中经受岁月流逝，不断充盈新的生命。"

在意大利从事莫扎特乐团的文化目标和音乐事务是这位指挥家晚年除琉森内容外的主要工作。他们搞了很多颇有个性的项目，譬如某一天，阿巴多和莫扎特乐团及知名演员罗伯托·贝尼尼竟现身一家博洛尼亚的体育场，打算在那里上演谢尔盖·普罗科菲耶夫的交响童话《彼得与狼》，由贝尼尼担任朗诵；还有一次，阿巴多邀请了数百名儿童到其埃克托·柏辽兹《感恩赞》演出现场，并在舞台上观看；他还在80岁生日前率乐团赴法兰克福、巴登－巴登和慕尼黑举行了长达半年的巡回演出，而且曲目全都是约翰·塞巴斯蒂安·巴赫的作品。

2012年10月7日对阿巴多来说是个难忘的日子。他率莫扎特乐团再次来到阔别三年有余的阿布罗佐大区拉奎拉市。此地曾在2009年大地震中毁于一旦，而阿巴多在灾难后几周内就在当地的一个多功能厅内举办音乐会，指挥上演了舒伯特的第四交响曲"悲剧"和莫扎特的g小调交响曲。如今，他在一座全新的、临时饰以木饰的音乐会礼堂内,在约 250 名听众面前为这座由建筑师朋友伦佐·皮亚诺应他邀请设计的礼堂举行了开幕音乐会,并演奏了约翰·塞巴斯蒂安·巴赫的作品。时任意大利总统乔治·纳波利塔诺专程从罗马赶到这个偏远的省会出席音乐会,音乐会全程进行了电视直播。很明显,这也证明了受这个国家财政削减威胁的文化能够与政治找到一条更好的结合之道。

重返米兰斯卡拉歌剧院

　　自阿巴多在 1986 年迫于无效的官僚主义和时时准备罢工的工会压力,在失望和恼怒下离开米兰斯卡拉歌剧院以来,剧院多年来一定期待着这位曾任职良久的音乐总监的回归。但此后阿巴多只在故乡举办过两次客座演出,即 1989 年与维也纳爱乐乐团和 1993 年与柏林爱乐乐团的演出。与此同时,他曾多次指挥柏林爱乐乐团在都灵、佛罗伦萨、费拉拉和罗马演出。阿巴多曾屡次许诺要重返米兰,与斯卡拉爱乐乐团合作,而直到 2010 年 6 月,他的计划才因一笔不同寻常的酬劳而看似可以成行:他指挥上演马勒的《复活交响曲》，出场费则是在他这个被空气污染所困的故乡种下九万棵树，这真是对这位心系大自然的艺术家的绝好礼物。但事实证明，这个成本高昂的项目实际上是不可行的。阿巴多结交已久的建筑师伦佐·皮亚诺退而求其次又制定了一个为内城栽种三千棵树的方案，但这一计划和其他的提议也都没有落地。指挥家于是因病谢绝了相关的两场音乐会。

直到两年后的 2012 年 10 月 30 日，阔别 26 年之久的克劳迪奥·阿巴多又站在了米兰斯卡拉爱乐乐团的指挥席上，这也是他 30 年前仿照维也纳爱乐乐团缔造的团体。时任斯卡拉歌剧院经理斯蒂芬尼·利斯奈尔为这场音乐会进行了持续数年的不懈努力，而阿巴多也为这份冒险回报了一次不同寻常的音乐会：在演奏古斯塔夫·马勒的第六交响曲"悲剧"时，他引入博洛尼亚莫扎特乐团，使斯卡拉爱乐乐团的演奏员达到 150 人左右。自青年时就与阿巴多交好的丹尼尔·巴伦博伊姆此时担任斯卡拉的音乐总监，他为音乐会开场演奏了肖邦的第一钢琴协奏曲。

米兰的听众享受了情感迸发的一夜：歌剧院礼堂内落座的有阿巴多年轻的指挥家同仁，譬如埃萨-佩卡·萨洛宁和里卡多·夏伊，他支持多年的、在米兰斯卡拉的前助手丹尼尔·哈丁和委内瑞拉指挥家古斯塔夫·杜达梅尔以及莫扎特乐团首席客座指挥迭戈·马瑟斯。斯卡拉爱乐乐团向阿巴多赠送了一座由雕塑家阿纳尔多·

波莫多罗创作的雕像，标志着米兰音乐界和意大利媒体为这位即将年届八旬、业已出神入化的指挥家送上了一份由鲜花、欢呼声和掌声组成的敬重、赞赏和荣耀。"从第一眼就知道，这个夜晚无与伦比"，《意大利晚邮报》对阿巴多的回归这样总结道，"阿巴多和巴伦博伊姆在舞台上并肩称王，在同一场音乐会里如此神奇地交融统一，真可以载入米兰斯卡拉歌剧院的史册。"

而阿巴多自己则在这些日子里想到了他的出身和他在维也纳、伦敦和柏林等音乐大都市任乐团总监的生活经历。这位沉默寡言的艺术家在一次报纸采访中对这段回忆畅所欲言："在这里，我周身充斥着一种多么奇特的感觉呵！就好似这些年在另一个世界似的。"与此同时，他也承受了一个家庭噩耗，姐姐露西安娜·佩斯塔洛扎在音乐会前数日刚刚过世。她不仅与他保持密切联系，还一起借历经数年的系列音乐会——"我们时代的音乐"和"米兰音乐"为当代音乐在意大利的发展传播铺平了道路。

逝世前三年，露西安娜·佩斯塔洛扎在一次报纸采访中讲述了她与克劳迪奥在"阿巴多音乐之家"的青少年时光，弟弟社会责任心的萌芽仍历历在目："这份责任感来自我们的父母。母亲在我们居住的米兰社区深受爱戴，她会为印度和南美的儿童募集衣物，父亲则承担了打包邮寄的工作。"她高度评价了其弟为米兰募集九万棵树的想法，认为这一定会让城市更加绿树成荫、健康宜居。

回顾意大利及其文化财富，不仅带给阿巴多无限热忱，也使他产生了思考和疑问：作为曾任伦敦、维也纳和柏林大型交响乐团音乐总监的指挥家，虽然他更亲近意大利的艺术和文化，期间也在博洛尼亚安家并于 2009 年获颁该市荣誉市民，但意大利文化政策的缺位和音乐文化方面的损失令他受伤颇深。他总在力所能及处给予批判性的鼓励，譬如 2009 年 3 月在那不勒斯，他曾在圣卡洛剧院指挥莫扎特乐团专为作家和黑手党批评家罗伯特·萨维亚诺举行了一场音乐会，并在谈话中肯定地表示，"因为他写了《格莫拉》一书，证明终于有人有勇气吐露真相，我对这份勇气深表钦佩"。2012 年，阿巴多还在瑞士一家日报采访中流露出对意大利的失望之情，这个国家"虽是文化大国，但非常混乱无度。这当然与其历史有关，因为这个共和国非常年轻，只有 150 年的历史，各地区治理差异相当巨大"。阿巴多深知意大利文化的问题就在于"愚昧和无知，这在政府中也同样存在。我们的一些部长既不知文化为何物，也不甚明了学校存在的意义。"他还对西尔维奥·贝卢斯科尼之流的政客进行了批评，指责他们贪图经济利益而一味容忍对意大利文化的摧残破坏。

投身拉美：音乐救助体系

在意大利之外，阿巴多还经历了如何应对一切无知，那就是借由针对儿童和青少年的系统教育的力量。他"十分赞赏荷塞·安东尼奥·阿布吕尔及其在委内瑞拉创建的'音乐救助体系'，这是一个为全委内瑞拉 30 万少年儿童提供音乐学校和乐团的网络"。在这个榜样鼓舞下，意大利也出现了效仿者，阿巴多对此十分乐于伸出援手："有些地区步子已经迈得很大了，但有些还需要时间。首要的是南部地区，那里处境困难却正是最关键的地方。青少年们需要有个前景。"

阿巴多之前很久就表露过对这一"过去数十年中最伟大的、富有革命性的理念"和他自己对青少年音乐教育的想法。位于托斯卡纳地区佛罗伦萨附近的菲耶索莱音乐学校曾邀请了荷塞·安东尼奥·阿布吕尔到访，这位委内瑞拉音乐家将成百上千青少年"从贫困和街头暴力中拯救出来，过上手持乐器而非枪支的日子"，而且"当他们在乐团演奏时，尽可以放飞心灵，不受任何时间或工会条款的约束限制"。阿巴多坚持他的想法,认为应在意大利的每个地区发展一个拥有委内瑞拉"音乐救助体系"的城市。

"音乐救助体系"指的是针对委内瑞拉音乐学校和青年乐团的一项颇具创造性的音乐和社会政治项目"系统",由音乐家、教育家荷塞·安东尼奥·阿布吕尔于 1975 年创立,并由此发展成立了西蒙·玻利瓦尔青年乐团,这一创举获得了举世瞩目和赞赏。深受克劳迪奥·阿巴多和西蒙·拉特关怀的年轻小提琴家、指挥家古斯塔夫·杜达梅尔就是这一音乐教育体系的受益者。即使是阿巴多这位数十年如一日扶持音乐后辈、创建许多青年乐团的先驱,也感到必须学习阿布吕尔的创举。1999 年,阿巴多借率古斯塔夫·马勒青年交响乐团赴美国和南美巡演之际赴委内瑞拉首都加拉加斯,当他深入了解了"音乐救助体系"的音乐工作情况后,他就如后来的西蒙·拉特和祖宾·梅塔一般希望立即与这个体系的创始人阿布吕尔进行合作。2004 年冬,阿巴多再次访问加拉加斯,这次他带来了首屈一指的马勒室内乐团。从此他开始定期访问拉丁美洲。

阿巴多每年总是在冬季在委内瑞拉举行旅行演出并与当地青年音乐家合作,这当然要归功于他的一片师者仁心,同时也可视作因健康原因对欧洲寒冷冬天的"逃离"。在拉美的事业成了他晚年又一项艺术使命,但此外也是他迄今为止事业生涯的延续——

他乐于看到他 70 年代在意大利艾米利亚 - 罗马涅大区的音乐政治实践在那里以另一种形式发展，就像他与路易吉·诺诺和毛里奇奥·波利尼所追求的那个古典音乐民主化的目标一样。同时，对委内瑞拉青年音乐人才的关注也延续了他一贯热心致力青年乐团发展的行为。

在西蒙·玻利瓦尔青年乐团小提琴部有一个天分奇高的委内瑞拉少年，颇受阿巴多关注。这个名叫迭戈·马瑟斯的年轻人成为他在加拉加斯的助理指挥，随即又担任了博洛尼亚莫扎特乐团的首席客座指挥。马瑟斯在一篇随笔中忆及阿巴多与"音乐救助体系"的合作，回想起阿巴多认真细致地与年轻的乐手们一起进行音乐会排练，为莫扎特、贝多芬和马勒的交响曲、柴科夫斯基和普罗科菲耶夫的作品、勃拉姆斯和舒曼的独奏协奏曲及阿尔班·贝尔格的"璐璐"组曲做准备。阿巴多每次指挥瓦格纳的《唐豪瑟》序曲和威尔第歌剧《阿依达》中的凯旋进行曲时，都有大约 450 名"体系"内的音乐家在舞台上。

"每个与他合作的乐曲，"迭戈·马瑟斯回忆道，"都是一次真正的音乐节……排练中阿巴多首要强调的就是，乐手要学会互相倾听。'互相倾听，倾听彼此'，这是他反复重申的呼吁。"阿巴多也传递了他对于室内乐和交响乐诞生的根本信念。在这个加拉加斯乐团里，丝毫没有官僚主义的障碍，有的只是巨大的弹性和共同的信念——"实现艺术上的至善至美"。

正如迭戈·马瑟斯写道的那样，克劳迪奥·阿巴多和荷塞·安东尼奥·阿布吕尔乐于一起讨论，"他们一起飞往属于他们的雄心勃勃，几乎可以说是乌托邦的美梦之中，在创造的海洋中徜徉"。他们最希望引导所有的拉美青少年心向音乐，就像阿布吕尔那句名言一样："音乐当以推动社会发展进程为己任。"阿巴多和阿布吕尔"甚至梦想着创建一个大型的国际青年乐团，将所有已实现的重要经验传播到地球上每一个偏远角落。他们的希冀是在全世界实现'音乐救助体系'"。

虽然有繁重的欧洲音乐会和国际巡演任务，但他仍坚持率西蒙·玻利瓦尔青年乐团举行旅行演出，譬如 2007 年就举行了拉美巡演。同年，他还在哈瓦那举行了音乐会，他曾率马勒室内乐团于 2004/2005 冬乐季造访此地，并获得了古巴国家文化勋章。2006年，他邀请西蒙·玻利瓦尔青年乐团参加在意大利的音乐会巡演；2010 年，他又将这支乐团及多位指挥带到了琉森音乐节：他亲自指挥了阿尔班·贝尔格的"璐璐"组曲和柴科夫斯基的第六交响曲。此时已是西蒙·玻利瓦尔青年乐团首席指挥的古斯塔夫·杜达梅尔也指挥了一场音乐会。就连当时年仅 26 岁的迭戈·马瑟斯也登台指挥了肖斯塔科维奇的第十交响曲。

时间流逝，阿巴多在意大利的音乐会上指挥了越来越多的乐团。阿巴多天性内敛，意大利人对"他们伟大的"指挥家的欢呼喝彩和爱国自豪感可能对他也是一种激励。其中堪称范例的音乐会有2001年率柏林爱乐乐团在罗马举行的为期一周的贝多芬音乐节，曲目涵盖贝多芬全部九首交响曲和四首钢琴协奏曲；2005年，他的意大利同胞们则目睹他率琉森节日乐团再度在罗马举办多场音乐会，上演布鲁克纳和马勒的第七交响曲。在其晚年，阿巴多更是多次率"他自己的"乐团，如莫扎特乐团、欧洲室内乐团及马勒室内乐团等，走遍了意大利大大小小的音乐城市。克劳迪奥·阿巴多对音乐的兴致和好奇都随着他所创建的乐团更替而时听时新，而这些乐团的音乐火焰似乎也可以无拘无束地熊熊燃烧——唯一的限制条件就是阿巴多的身体状况。

第十六章

晚期音乐——倾听内心

他晚年的演出超越了世俗。

——西蒙·拉特

克劳迪奥·阿巴多生命的最后 10 年可以用两个关键词形容：工作强度和节约时间。尽管深受疾病和高龄困扰，但他仍保持了以往的排练、音乐会和旅行演出节奏。这位大病初愈的指挥家总是说，只有音乐和演奏才是他的灵丹妙药。也多亏了他的工作自律、艺术灵感和对音乐的挚爱，阿巴多才能几乎不打折扣地完成他晚年的项目。

暮年密集的工作安排让人不禁惊叹，这位指挥家是如何完成这些让他中断在撒丁岛和瑞士山区休养的形形色色的乐团工作。这些工作任务可是不计其数，包括在琉森、博洛尼亚、加拉加斯等城市及意大利的众多音乐厅里从事艺术和社会活动，与琉森节日乐团、莫扎特乐团、西蒙·玻利瓦尔青年乐团、欧洲室内乐团、马勒室内乐团和古斯塔夫·马勒青年交响乐团等他一手创建或关怀过的乐团合作演出和巡演，还有每年赴柏林爱乐乐团进行客座指挥，以及那场与他创建的米兰斯卡拉爱乐乐团在米兰合作的音乐会。他的工作强度与日俱增，几乎毫无休止地与不同的乐团进行准备和排练，研习乐谱，关注唱片录制，并与乐团乐手、制片人和主办方保持密切交流。即使人到暮年，阿巴多的工作日程仍安排得满满当当，而最常用的解决日程压力的方法，则是他惯用的——推掉与医生的交流。

自 2012 年春起，音乐公司的录制显得格外多产，似乎已经感知到这位年近 80 岁的指挥家即将走到生命尽头：阿巴多在琉森复活节音乐节上指挥了数场音乐会，并在 5 月指挥柏林爱乐乐团演出，之后又指挥博洛尼亚莫扎特乐团在萨尔茨堡复活节音乐节演出了莫扎特的《孤儿院弥撒》和舒伯特的降 E 大调弥撒。在琉森夏季音乐节上，阿巴多把已在节目单中发布、但太过劳神的马勒第八交响曲（即"千人"交响曲）换成了贝多芬和布鲁克纳的曲目，紧接着又踏上了赴维也纳、莫斯科、汉堡和费拉拉的巡演之旅。随即又携莫扎特乐团参加了拉奎拉公园礼堂的落成典礼。2012 年 10 月底，米兰斯卡拉歌剧院那场策划已久的音乐会终于举行了。此后他已没有再多精力支撑拉美的冬季之旅了，但又率莫扎特乐团赴维也纳举行了客座演出，并继续在 11 月赴法兰克福、巴登－巴登、慕尼黑、热那亚和巴勒莫巡演，曲目全程都是约翰·塞巴斯蒂安·巴赫的作品。

在阿巴多于 2013 年迎来 80 岁诞辰之际，他也开始了一系列"告别"演出，包括率莫扎特乐团参加琉森复活节音乐节，随即赴西班牙萨拉戈萨、马德里和布达佩斯旅行演出；5 月，最后一次与柏林爱乐乐团合作了两场音乐会，演奏了门德尔松的《仲夏夜之梦》和埃克托·柏辽兹的《幻想交响曲》；之后，他最后一次指挥莫扎特乐团在巴黎举行了音乐会。

2013 年 6 月 26 日，克劳迪奥·阿巴多与一大家人在他撒丁岛的寓所庆祝了 80 岁生日。媒体也回顾了他的音乐事业，对其毕生艺术成就不吝敬佩和赞赏之词。阿巴多已经在寻找完美时刻中意识到，就如音乐评论家埃莱奥诺·布宁写的，"什么是他所偏爱的？质朴、情感充沛、直接了当，可以称为'美的音乐'。那才是真实的音乐，是音乐的室内乐本质。"柏林人尤其怀念拥有这位前柏林爱乐乐团艺术总监的 12 年时光："古往今来，音乐何时有这么熠熠放光、晶莹澄澈的时刻，这么美丽动人同时又质朴无华？"音乐时事评论家彼得·尤林总结道。"克劳迪奥·阿巴多不是在制作乐声，而是创造一个乐团的感性……声部间联系更紧密，音乐更通透，朗诵和演唱的听觉效果更准确。"有了阿巴多，音乐变成了一种强调集体合作的集体艺术活动："在交响乐框架内，出现了同甘共苦的乌托邦，通过关注微小细节和他人想法来集体创造美。"

"告别"演出系列下一站是与琉森节日乐团的合作：为庆祝乐团成立 10 周年，阿巴多在暮夏之际再一次挑选了古典 - 浪漫交响乐巨作，除勃拉姆斯的"悲剧"序曲和勋伯格的《古雷之歌》外，还指挥了贝多芬的《英雄交响曲》，并在第二场节目中安排了舒伯特的《未完成交响曲》和布鲁克纳的第九交响曲——也是一部未完成之作。2013 年 8 月 26 日，明显已见衰弱的阿巴多指挥上演了这场舒伯特 - 布鲁克纳音乐会——这也是他生前的最后一次音乐会。"在这个难以忘怀的夜晚，他在众人面前显得已经杳若云端，身披神光了"，与阿巴多一起在 2003 年创建琉森音乐节的经理迈克尔·哈夫利格回忆道。思及这个"音乐内化的最伟大时刻"，哈夫利格深深感谢阿巴多所带来的"无法言说、难以忘怀的音乐阅历"。音乐会结束四天后，意大利总统乔治·纳波利塔诺在罗马任命阿巴多和建筑师伦佐·皮亚诺为终身议员——这是来自祖国最后的谢意。

"他晚年的演出超越了世俗。"西蒙·拉特如此评价阿巴多晚年的音乐会，其中部分他还亲自到场聆听过。拉特忆起阿巴多患病前与他谈起这"与众不同的人生晚秋"的音乐："西蒙，我的病很骇人，但其后果却不一定只是恶劣的。我感觉就像获得了内心倾听的能力，好像用我的胃换来了一双内生的耳朵。我说不出这种感觉有多奇妙。但我很确信，这次是音乐拯救了我的生命。"病愈后，阿巴多的演出呈现一种由他的身体直接迸发出的通透、轻盈和强大的说服力。音乐唤醒了一种听觉能力，能在寂静与乐音之间撷取音乐的多声部和深度，聆听各声部的多彩，感受演奏中室内乐的"关系魔法"。

他的听众难以忘怀作曲家路易吉·诺诺的宣告，这主要存在于他的音乐以及在威尼斯首演神话剧《普罗米修斯》的前一年，即1983年诺诺发表的哲学乌托邦文章中。阿巴多早年深受诺诺的音乐世界观影响，他自己晚期"飘忽不定"的演出风格在诺诺的思想中也可找到前兆："寂静。倾听是非常难得。在寂静中聆听别人同样很难，因为有别的想法、别的噪音、别的乐音、别的理念。人们倾听时，常常试图在别人那里重拾自己，自己的机制、系统、理性主义等等。但聆听别人的音乐……那是非常难的。要唤醒耳朵，但眼睛、人性思考和才智都会最大可能地放弃内心。这在今天起了决定性作用。"

当人们现场聆听阿巴多晚年的音乐会时，就会深深陷入他日渐深厚的音乐感官和经历艺术中，为他撷取内心最深处音乐的能力而深深折服。音乐的连断成了声响和旋律的一种"语言"。阿巴多晚年的音乐会曲目也显示出他最看重的是古典－浪漫－现代作曲家，包括巴赫和佩尔格莱西，莫扎特和贝多芬、舒伯特、舒曼和勃拉姆斯、瓦格纳和布鲁克纳，而最重要的则是开启现代派大门的马勒、德彪西以及勋伯格表现力最强的弟子阿尔班·贝尔格。与此同时，不同于阿巴多在柏林的时代，现代流行和先锋派音乐已经退居幕后了。

据阿巴多在柏林的年轻助手、英国指挥家丹尼尔·哈丁回忆，阿巴多最爱谈论的是"一些超出音乐的事。克劳迪奥的感受通过他的面部表情和手势表露无遗。这虽能看得出，但很难用语言表述。他觉得自己已经不适宜继续担任指挥了。在音乐之后的寂静中我总能想到他。而他随着年岁渐长，愈发想把这份独享音乐的时刻无限延迟"。

如同经常在老一辈指挥家身上发生的那样，随着年岁渐长，阿巴多那种令音乐清晰明了又生机勃勃的指挥姿态也愈发安静、质朴和淡泊。克劳迪奥·阿巴多晚年时在指挥席上常常想起年迈的布鲁诺·瓦尔特年轻时对其导师古斯塔夫·马勒指挥现场的观察。对瓦尔特来说，马勒的手势在最后是"如此超凡脱俗，以至于他能够通过看似简单的节拍击打——甚至几乎是静止的手势——毫无疑问地实现音乐的自由和无可挑剔的精准"。瓦尔特还提及马勒的"内心温度"，"这让他的表达有了极富个人色彩的说服力，让人忘怀了学习的准确性、教学工作的痕迹、演奏过程的技巧和完美，使其音乐自发成为心灵与心灵间的倾诉"。

当阿巴多指挥贝多芬、勃拉姆斯，或德彪西、舒伯特、马勒，或布鲁克纳的作品时，其音乐表达和动作最明显的标志就是在脸上。要想看看与音乐的交融能促生一个有多大魅力的音乐场景，那他的面相就是一面镜子。正如柏林爱乐乐团小提琴家马德琳·卡鲁佐所言，当阿巴多在音乐会中一展激情，"以他精巧、生动又松弛的指挥风格表现音乐时"，舞台上的乐手都被他深深迷住了。

关键的是，"当他站在指挥席前，身体姿态展现出各种我们音乐创作中所需的情感，如悲伤、轻快、伤感等。阿巴多在音乐会上也同样由此与乐手们建立起一种无比强大的联系"。

指挥席上的阿巴多同时也会"放飞"。在柏林爱乐乐团长时期担任阿巴多的乐队首席、后来又任琉森节日乐团小提琴首席的科尔加·巴列夏曾试图描绘，"与他共事的音乐家总有一种难以置信的自由感觉"，具体而言就是"他们可以随性演奏。这当然不是指可以自由地随心所欲，但阿巴多比其他任何一个指挥家给乐手的空间尺度都要大，而且也经常能接受乐手们的自由发挥"。对乐手而言，这也意味着"自然要更加清醒"并承担更多的音乐责任："乐手必须更重视聆听，也要有更多抉择。而当他们打开耳朵、投入情绪，亲身倾听感受时，演奏水平自然就提高了。"这也是"为什么与他合作的演奏效果最佳"的原因之一。

交响世界观

克劳迪奥·阿巴多的经典交响曲目涉及多个音乐时代，并排除

了部分领域的音乐作品。居于中心地位的是18世纪晚期至19世纪末的德奥传统古典－浪漫主义作品，即莫扎特、贝多芬和舒伯特、门德尔松、勃拉姆斯、舒曼和布鲁克纳以及柴科夫斯基等大师创作的所谓交响乐"核心"巨作。而在阿巴多音乐世界观中占据突出地位的则是现在音乐的后浪漫派先驱，如莫捷斯特·穆索尔斯基、克劳德·德彪西，特别是古斯塔夫·马勒。20世纪古典现代音乐也在阿巴多关注之中，如保罗·欣德米特、贝拉·巴托克、莫里斯·拉威尔、谢尔盖·普罗科菲耶夫和伊戈尔·斯特拉文斯基的作品。他还特别偏爱阿诺尔德·勋伯格的第二维也纳学派及其弟子阿尔班·贝尔格和安东·韦伯恩的作品。在战后先锋派的作曲家中，路易吉·诺诺长年居于他钟爱的首位。在维也纳和柏林时，他还特别指挥过乔治·里盖蒂、卡尔海因茨·施托克豪森和库塔格·捷尔吉的作品。他对沃尔夫冈·里姆的极端表现主义音乐风格也抱有好感。阿巴多也偶尔指挥过汉斯·维尔纳·亨策、伊阿尼斯·泽纳基斯、萨尔瓦多·夏里诺和贝亚特·福瑞的作品。他一生挚爱清唱剧和大型合唱作品，先后指挥过巴赫的《马太受难曲》和d小调弥撒、柏辽兹的《感恩赞》、勋伯格的《古雷之歌》及莫扎特、勃拉姆斯和威尔第的经典作品。晚年的阿巴多专心投入对古斯塔夫·马勒和安东·布鲁克纳交响乐作品的演绎中，但却略去了布鲁克纳的第三和第六交响曲。令人费解的是，他对布鲁克纳宏大的第八交响曲也敬而远之。他在后期潜心研究神秘的乔瓦尼·巴蒂斯塔·佩尔戈莱西，而且明显愈发迫切地开始探索约翰·塞巴斯蒂安·巴赫的音乐宇宙。

19 至 20 世纪"民族主义风格"流派的重要作曲家——如让·西贝柳斯、爱德华·埃尔加、拉尔夫·沃恩 - 威廉姆斯、本杰明·布里顿、卡尔·尼尔森、奥托里诺·雷斯庇基、马努埃尔·德·法雅和乔治·埃内斯库等，并不受阿巴多的青睐。而其作品强调音乐的自省或反讽"映射"的现代派作曲家，如查尔斯·艾夫斯及德米特里·肖斯塔科维奇的交响戏剧，也从未进入过阿巴多的音乐视野。

唱片录制

克劳迪奥·阿巴多算得上是在录音方面最多产的音乐家之一，虽然即便如他也难以摆脱录音室的缺陷，即缺少空间回声和音乐的现场感，也没有音乐家和听众的现场情感互动。他也明白，在一个艺术品的"科技再现时代"（瓦尔特·本雅明语），感知前景，即所谓的"预兆感"尤其被削弱了。但阿巴多的作品由此被保留存世，从这一点讲，他那些来自米兰、维也纳、伦敦、芝加哥、柏林、琉森和博洛尼亚乐团的乐手们都应感谢他的这些录制。出于成本考虑，唱片行业之前惯用的录音室方式自 20 世纪 90 年代开始被歌剧和音乐会现场收音代替。阿巴多的现场录制，特别是在维也纳、柏林、琉森和博洛尼亚的录制得益于活力充沛的演奏和对音乐情感精准的把握而具有更好的视听效果。

　　阿巴多的保留曲目也体现在其唱片录制上。凡与他进行录制的乐团，他都有特定的时代流派和作曲家人选。在米兰斯卡拉歌剧院，阿巴多录制了威尔第的歌剧；与柏林爱乐乐团则首选贝多芬、布鲁克纳及舒伯特、马勒、勃拉姆斯和柴科夫斯基的交响曲；与伦敦交响乐团录制了鲁道夫·塞尔金担任独奏的莫扎特钢琴协奏曲系列和门德尔松的交响曲，以及斯特拉文斯基、施特劳斯、拉威尔、巴托克和欣德米特、雅纳切克和普罗科菲耶夫的作品；与芝加哥交响乐团则录制了马勒、巴托克和普罗科菲耶夫的作品；与欧洲室内乐团则是约瑟夫·海顿和弗朗茨·舒伯特的交响曲。在琉森和博洛尼亚，晚年的阿巴多与琉森节日乐团和莫扎特乐团合作录制了巴赫、佩尔戈莱西和莫扎特的音乐以及舒曼的第二和舒伯特的第八、第九（即 C 大调"伟大"）交响曲。阿巴多与柏林爱乐乐团的最后一次音乐会于 2013 年 5 月举行，此时他将目光投向了浪漫主义，指挥了费利克斯·门德尔松的《仲夏夜之梦》和埃克托·柏辽兹的《幻想交响曲》。

　　克劳迪奥·阿巴多在其音乐生涯的最后 20 年里，出人意料地强化了现场录制时音乐的呼吸感和声场中乐器的现场感，较之前在录音室中的听觉效果更加简洁可寻。尤其在柏林和琉森的音乐会现场，演奏瓦格纳、德彪西、马勒和布鲁克纳作品收音时，阿巴多对待极弱部分的乐音与音调、旋律与节奏处理得细致入微，充分展现了他对演绎层次过渡那种魔法般的感觉。他精心打磨的听觉和呼吸－紧促间转换艺术为听众成功打造了没有干扰的持久魔法幻境，一段持续的幸福时光。

　　比录音更可信的还有主要摄制于他的柏林时代和晚年时在琉森音乐厅、纪念他的乐团领导工作的录影。图像传递了对音乐空间、创作的时空历程和对音乐本身的印象，也记录了指挥席上的阿巴多如何挥舞双臂，以手势示意并用他那双"会说话"的眼睛向乐团发出指令，而音乐就在此被唤醒，乐手们为之深深着迷，指挥家的艺术就此坦露在观众面前。柏林爱乐乐团的双簧管独奏家阿尔布莱希特·迈耶认为，仅阿巴多的手部动作，无论如何都绝对称得上是"纯粹的音乐"。

第十七章

逝世和宣言

今日，意大利痛失至宝。

——里卡多·夏伊

2013 年 8 月 26 日，阿巴多完成了他生命中最后一场音乐会，指挥了舒伯特的"未完成"和布鲁克纳的第九交响曲。此时的他已形容枯槁，随即返回了位于博洛尼亚的住所。这位年已八旬的指挥家健康状况每况愈下。9 月中旬，他发布消息称，"深切致歉"将原定于 10 月份与琉森节日乐团合作赴日的两次巡演共四场音乐会取消。他也无力继续承担率莫扎特乐团赴伦敦和维也纳的旅行演出，身体全无好转迹象，风烛渐熄。2014 年 1 月 20 日上午 8:30，克劳迪奥·阿巴多在博洛尼亚小范围家庭成员的陪伴下去逝，按亲属的说法，是在"平静中"离世的。在他弥留和下葬时，小提琴家维多利亚·穆洛娃与她和阿巴多的儿子米沙也陪伴在侧，"我们仨很亲近……还一直在交谈。而且我们都落泪了。"穆洛娃不久后表示。

国际音乐界，特别是意大利公众表达了强烈的哀思。年迈的时任意大利总统乔治·纳波利塔诺在听到这位相识已久的指挥家逝世的消息后，评价阿巴多是一位"将我国伟大的音乐传统和社会工作相联系"的艺术家。国家政界人士纷纷表示哀悼。里卡尔多·穆蒂和安东尼奥·帕帕诺这两位同行对阿巴多"非凡绝伦、远见卓识的精神"致以追思。米兰斯卡拉歌剧院院长里卡多·夏伊则在阿巴多离世当日就断言:"今日,意大利痛失至宝。"不久后,夏伊回忆起年轻时作为阿巴多在米兰斯卡拉歌剧院的助手与其一同讨论勃拉姆斯的交响曲乐谱、力求完美把握其中重音和断句的时光。在他脑海中,阿巴多的指挥艺术尤其鲜活灵动:"他指挥棒下发出的那种通透的韵律冲击力,直接就是思想的延续。"没有任何旁人"能像克劳迪奥一样让当代音乐听起来如此自然又必不可缺"。他尤其感谢阿巴多为其"打开了通往古斯塔夫·马勒音乐宇宙的大门"。里卡多·夏伊如许多同胞一样感受到,"意大利失去了一位绝对的坐标性人物"。

米兰斯卡拉歌剧院则以一种古老的形式寄托对这位伟大指挥家的哀思——他们举办了一场没有听众、门户大开的空场音乐会,并演奏了贝多芬《英雄交响曲》中的"葬礼进行曲"。就在阿巴多逝世后一周,时任歌剧院音乐总监的丹尼尔·巴伦博伊姆指挥了这场演出以寄哀思。而成千上万的米兰群众在晚 18 点集聚斯卡拉歌剧院前的广场,静静聆听喇叭中传出的由极弱开篇的"葬礼进行曲",街道一时间水泄不通。米兰斯卡拉歌剧院曾于 1957 年以这首"葬礼进行曲"纪念过阿尔图罗·托斯卡尼尼,10 年后又同样缅怀过其继任者维克多·德·萨巴塔,之后则是指挥家贾南德雷亚·加瓦泽尼和卡洛·马利亚·朱里尼。意大利和米兰市政府在

米兰斯卡拉歌剧院空场内的克劳迪奥·阿巴多追思音乐会
（2014 年 1 月 26 日）

地区建筑上降半旗致哀，以纪念国家痛失这样一位卓尔不群、富有魅力的艺术家。

"到今年，克劳迪奥和我的交情就迎来第58年了……"祖宾·梅塔和克劳迪奥·阿巴多于50年代中期维也纳求学时相识，"克劳迪奥是个忠诚的朋友，这一点从未改变过。"当梅塔闻听阿巴多逝世的噩耗时，他回忆起在维也纳同窗的时光，并深恨不能"亲自送别"这位朋友。

意大利媒体试图在悼念这位伟大的音乐家、指挥家阿巴多的讣告中对其音乐和社会贡献予以公正的评价。《意大利共和报》特别强调了时任斯卡拉歌剧院音乐总监的阿巴多于 1972 年建立了向学生和工人开放歌剧院的制度，并顺带提及他热衷足球、是 AC 米兰铁粉的逸事。都灵的意大利《新闻报》则发文纪念他关怀音乐后辈、总是"信任年轻人"的往事。

德国媒体的讣告强调了阿巴多的个人意义已远超指挥这个行业。音乐界失去了"一位伟大的人文主义者、博爱家，他对音乐济世救人的理想坚定不移"。阿巴多的伟大和声望建立在"对音乐的理解上，其历史觉悟和社会责任感在被浮名充斥的大指挥家史上独树一帜"。很久之前人们就意识到，这位伟大指挥家的影响是在公共权力基础上发展而来的："克劳迪奥·阿巴多如一座精神和心灵的音乐发电站般向旁人散发活力。他晓得将自己在音乐中独享的快乐以极具魅力的方式与大众分享，这是我们这个时代为数不多的音乐魔法师。"

在众多知名音乐家中，作曲家沃尔夫冈·里姆深切怀念了阿巴多对乐团的卓越领导和音乐成就。里姆曾在 90 年代与阿巴多及柏林爱乐乐团共事。他认为，音乐家的名望也验证了"其自身对音乐演绎所能达到的广度和深度，对出个人风头或以音乐表现自我的欲望程度。克劳迪奥·阿巴多是当世最伟大的音乐家之一。他是音乐流淌的助力而绝非拦路石，不断开山辟路保持音乐的畅通。

他做这些与其说刻意为之，倒不如说是本性使然。我避免使用'谦逊'这个词，因为他的成就固然需要强大的自我，同样地，坚定相信自己的能力并清醒认识到与更高水平间存在的差距也必不可少，但这些自不必多言。阿巴多以最充沛的灵感肆意吐纳音乐，勾勒出一个精神空间，既不一惊一乍，也极少愤懑冲动。他的音乐因细节变得饱满又富有激情，但又不完全依赖细节。对他而言一切皆可成浮云——小到十六分音符，大到整部作品的形式。如果可能的话，他的听众也可是浮云。他自己也是浮云。"

克劳迪奥·阿巴多的墓冢位于瑞士恩加丁海拔 2000 米的菲斯塔尔山谷，距离尼采的疗养地席斯玛莉亚不远。阿巴多在那里找到了一幢农家小屋，并将其作为在撒丁岛阿尔盖罗小城的那栋绿荫和鲜花环绕的别墅外的第二处隐居地。位于阿尔卑斯山脉的小屋也成了他远离维也纳、柏林和琉森工作的疗养地。即便居住此地，他仍渴望回归更加安宁、简单、与世相隔——就像约翰内斯·勃拉姆斯所说的那样："我需要绝对的孤独，不是尽我所能，而是只专注于自身。"

饰有灰色大理石板的墓穴坐落于 15 世纪末兴建、以湿壁画闻名的菲克斯·克拉斯塔教堂墓地，由阿巴多的四个子女，亚历桑德拉、丹尼尔、塞巴斯蒂亚诺和米沙为其父选定下葬并发表公告："亲爱的朋友，克劳迪奥自上周六起在恩加丁小城席斯玛莉亚旁魔境般的菲斯塔尔山谷，这片他生前挚爱的美丽和宁静之处长眠。"

在柏林时，阿巴多曾屡次提及"他的"菲斯塔尔山谷，曾深思过，"何处是我家？我想，应该是我在群山中的那栋农家小屋。"那栋步行或赶马车要一个小时才能到的地方。他知道，柏林作家库尔特·图霍夫斯基也曾在此住过："他也在那间陋室住过，这简直太魔幻了。于我这里就是家之所在，我有时想，它已内化在我心中，我时刻需要它。我爱这片山峦。"这栋农家小屋供他阅读、学习和研究乐谱，是他的灵感所在。在这儿他还可以漫步，冬天滑雪。菲斯塔尔山谷带给他绝佳的幽静。"没有现代交通工具，只能用雪橇，而且近几百年间都没什么新的建筑。"阿巴多在20世纪90年代初很是欣慰地表示。但对柏林爱乐乐团而言，当他们的艺术总监在山谷里享受清闲时就存在一个交流问题，因为他甚至都不用电话。"他既不接也不回复，连个临时接任人也不指派。他没有传真，手机更是想也甭想"。

阿巴多之后还从"这片风景的绝妙清幽"中获得了一种近似传奇的意义，冬季甚至还与音乐幅度相关："我爱这雪落的声音……当然了，这只是极为细微的，甚至的确算是杂音：一阵微风，一种有声中的无声。这种情形在音乐中也同样存在：当乐谱中预先标明了'极弱'符号，表示将渐进至'无声'时，这种'无声'是可以精准感受到的。"阿巴多的身后安栖之所看起来与他充溢着音乐和沉默习性的生前不无关联。毫无修饰的墓碑上简单刻着"克劳迪奥·阿巴多"的名讳，站立其前，来访者不禁想起阿巴多将路易吉·诺诺、古斯塔夫·马勒的音乐与"静谧"联系起来的类同性思考："我认为，诺诺音乐中的静谧，如同马勒音乐中的一样，都是十分重要的。我想到马勒第九交响曲的最后一个乐句，在结束之前——也就是死亡之前的那一瞬静谧。而诺诺的音乐也是如此，音乐在空间中循环久久渐进静默。而这份静默仍在进行，没有界限。"

　　阿巴多能够揭示音乐中"有声"与"无声"魔法般的互动之道，得益于他对乐谱孜孜不倦的细致研究。他在乐谱上涂涂画画，将乐音的连断、作曲的动力和节奏一一标出，这之后也会成为乐团乐手的参考。"他把所有本质性的东西都写上了，"阿巴多2013年与琉森节日乐团的最后一场音乐会的助理指挥古斯塔沃·吉梅诺如是说道，"因此在排练时他就不太需要再多做解释了。"阿巴多交流上的拘谨也由此可在他的工作技术中寻到端倪。

与个性相逢

　　的里雅斯特出版家、文学教授克劳迪奥·马格利斯曾称他的同胞克劳迪奥·阿巴多是一个"莫扎特般敏捷的人"。这肯定不是因为阿巴多于 2004 年创立了莫扎特乐团，倒不如说看到了一个为人克制的音乐家，虽步伐轻盈却不乏意志力和自信。阿巴多身形清癯，患病后更是如苦行僧般瘦削，不属于以往那些在指挥台上挥斥方遒的英雄类型。他的愿望和意图都是内在的，对外表现时则像被加了弱音处理似的压低了。与他人谈话时，就像个孩子一样圆睁着满怀期待的大眼睛上下打量对方。小提琴演奏家科尔加·巴列夏这样描述道："阿巴多到老仍是少年。他总是很好奇，对新鲜事物和观念持开放态度。我相信，这是个很重要的性格特征。"

　　克劳迪奥·阿巴多所具备的节奏感也赋予了其工作乐器——指挥棒一种个人特色。面对指挥棒这个臆想中对音乐和乐手拥有无上指挥权的象征工具，他在上台时绝不明晃晃地握在手中，而是暗藏在袖中，待站到指挥台前，临近起首时才迅速又隐秘地抽出。他的严肃和客观性不容被任何自我表现冲淡。对这位现实主义的指挥家而言，在这一关键时刻，他的任务仅仅是为音乐服务。

有时，阿巴多也会在聚精会神和疏离之外流露出许多幽默感。这一点不仅被他的同窗祖宾·梅塔所提及，也被于1975年与他一起合作将威尔第的《假面舞会》搬上伦敦科文特花园皇家歌剧院舞台的演员、导演奥托·申克所证实。

"我们的合作有个传统，克劳迪奥总会在排练中留一个比较难的小乐段让我自己指挥，玩玩票。他费神地跟我细细讲解这个段落，手把手地传授打击技术和过渡部分的处理。我跟他在休息时练习了几天，然后他就说，鉴于我已经练习得很好了，请我指挥一下，他要在音乐厅里听听乐队的效果。当我突然出现在指挥台上时，整个乐队都呆住了。真是运气，我把过渡部分技术上发挥得相当纯熟。之后我就停下来了，因为再往后我也不会了。克劳迪奥重回指挥席，乐团还向我特别鼓掌祝贺，这些滑头乐手们还在他指挥时故意演奏错了那个乐段。我听到乐队如此表现时，就冲着克劳迪奥喊：'克劳迪奥，别担心，等会儿休息时咱们再一起排一遍。'"

在相伴数十年的记者回忆中，作为一个内心安定、但与此同时又富有好奇心的艺术家，克劳迪奥·阿巴多年岁渐长益发坚定。在一切演奏、有时则是由交际任务引发的高压下，他都能镇定自若，唯一为之所动的只有音乐。在他盛年及病愈后那些岁月里执棒柏林爱乐乐团和琉森音乐会，并在指挥过一曲曲贝多芬、布鲁克纳或马勒的交响曲后精疲力竭时，展现出来的也只是一个有稍许疲惫但泰然自若、绝不神经过敏的艺术家形象。

克劳迪奥·阿巴多深谙谨慎之道，这足可以让人卸下心中的防备。他在音乐会后仅有寥寥几句交谈——阿巴多对访客十分关注，而不是单纯形式上的礼貌客气。他总是用他那和缓的声音和标志性的研究似的目光欢迎来自米兰、慕尼黑、柏林、维也纳或博洛尼亚的同行和朋友。罗伯托·贝尼尼、布鲁诺·甘茨等相熟的演员和艺术赞助人、企业家罗兰·贝格都算是他休息室的"盟友"。阿巴多的慷慨显得周到又真诚，赢得了来客的关注。

这个北意大利人身上公认地拥有一种近乎与生俱来的优雅，也缺少一些本民族根深蒂固的东西——在阿巴多身上，找不到那些所谓的典型意大利"特色"，如丰富的手势、活泼爱沟通的性子等，就像阿尔卑斯山麓北部对"意大利人"偏好的陈词滥调一样。在其倾情沉思和演绎音乐时，一切巧言令色、亢奋偾张或自怜自艾都与这位艺术家格格不入。有些人明白，生性内向的阿巴多自孩提时就嗜书如命，他在家中文学世界里激情四射，但也不会忽视现实生活。

阿巴多的特性在某些方面与其故乡米兰很是相称。在地理和精神上远离意大利南部、闲适的罗马和热情如火的那不勒斯，富于创新的米兰作为伦巴第大区的中心，展示的则是意大利经济资本的现代职业伦理，一个时尚和设计之都，充满音乐和艺术气息，剧院、博物馆和画廊林立。出身在这里的市民音乐家庭，受到遥远的巴勒莫那位西西里外祖父治学精神的言传身教，阿巴多学习和艺术工作的生活态度和责任感则以发展成型。在这里，他开始接触社会和政治，也学会了对所有艺术门类平等相待、一视同仁。

瑞士演员布鲁诺·甘茨曾多次在阿巴多的柏林爱乐乐团主题系列中配乐诗朗诵，作为朋友之一，他对这个意大利人评价甚高："在我看来，克劳迪奥就是意大利绅士的化身；但他身上某些特质，譬如内敛、自尊而不自亢，在意大利也不多见。至于为人保持严谨清醒，那就不必说了。"

克劳迪奥·阿巴多从来不曾被冠以"首领"的称谓，也不倾慕成为言论领袖。可能会令人吃惊的是，凡是大型歌剧院或交响乐团的音乐总监，必被人认为有某种程度的指手画脚、权力操控和自我为中心的习气。而阿巴多的艺术决断则是借助坚忍不拔的执行力达成，举止率直却不免沉默内敛。因此他在音乐会结束后不喜站在中央接受欢呼喝彩，正如柏林爱乐乐团双簧管独奏家阿尔布莱希特·迈耶回忆的那样："阿巴多从不将掌声归于自身。他只是看起来有些抗拒地、在听众面前猛地鞠个躬——因为他更情愿把掌声让给他的乐手们。"

当年那个躲进音乐和书籍的瘦弱男孩已经养成了内敛和疏离的性格习惯，并保持了终生。这个年轻的音乐家、乐队指挥一开始还必须与音乐演绎中血脉偾张和心醉神迷的感觉作斗争。提到这一点，还必须引用当时一位米兰乐评家对他的记录："真的，现在我已经能更开放地接受情感投入了。"观察者那时还补充道："阿巴多对音乐的态度从来都不是凭直觉，而是凭逻辑，本质上说是靠归纳逻辑决定的。"那时的阿巴多处理音乐瞬间的冲动时还略显羞涩，但在其盛年及晚年时期就已经侧重于转化成音乐自身的传播力了。阿巴多对工作冲突的厌恶并不偶然。一位对他持相当批评意见的伦敦观察者、乐评家诺曼·莱布雷希特认为，"无论在音乐还是个人方面"，阿巴多都"甘愿凌驾于物质束缚之上，高居知识分子脾气的云端"，这一点倒让人想起了他的榜样威廉·富特文格勒。

"他完全生活在音乐中，为它奔波，为它奋斗；音乐就是他的灵感、他的良知。日常现实他并不关心，索性丢给具体干事的人。"维也纳国家歌剧院院长克劳斯·赫尔穆特·德雷斯曾这样描述他的音乐总监克劳迪奥·阿巴多。在某些情况下，阿巴多的态度显得犹豫不决。他并不是个"心理学家"，譬如他会"当下就信誓旦旦，但他其实并不希望听者那么较真地让他履行诺言"。结论就是："他的天真就是他的魅力所在"。

直到生命的最后阶段，阿巴多谨慎待人的特点仍是十分醒目的。2012 年 8 月 19 日，皮埃尔·布列兹和克劳迪奥·阿巴多这两位天才音乐家在琉森接受了瑞士文化记者彼得·哈格曼和本书作者的联合采访——琉森音乐节打算将访谈内容整理成书庆祝布列兹和阿巴多领导下的琉森节日乐团和琉森节日学院创办 10 周年，并骄傲地对这两个机构冠以"琉森之光"的名号。阿巴多根深蒂固的自省态度从一开始就显露无遗。在他看来，重点并不是"他的"琉森节日乐团，而是"皮埃尔·布列兹及其学院所创造的光辉业绩，那才是音乐节最重要的事情……因为这为音乐节输送了大批年轻音乐家。这至关重要——更为重要的是，年轻人在这里可以一起演奏音乐"。 克劳迪奥·阿巴多将之后谈话的主体留给了 87 岁高龄、能言善辩的皮埃尔·布列兹，对其独到见解发出毫不掩饰的欣赏——当然，他也并不避言他的琉森节日乐团的优势和能力。阿巴多提到了他一手创建的众多青年乐团，还突如其来地想到了威廉·富特文格勒，回忆起他在米兰的青年时代以及拜当时初识的富特文格勒所赐，在听觉提升层面对音乐创作过程内外感知的一种新印象："我现在还对斯卡拉歌剧院排练时的那种非凡的张力记忆犹新。就算在战壕里，那种难以置信的张力仍然存在。"

阿巴多在他那本儿童音乐书籍《充满声音的房子》中写道，他经常被问及"应该怎么听音乐"，他告诉年轻的读者们，这个问题总是让他感到不知所措，因为对他而言，虽然"听音乐是很自然的，但讲些什么出来就很难了"。而且他深信，"我们每个人都能从音乐中发现带有浓重个人色彩的与众不同之处，寻找到属于自己的经历或感觉的回响"。

附录 阿巴多录音 / 录像制品发行年表

Aus der Fülle von Claudio Abbados Ton- und Bildaufnahmen ist hier eine Auswahl verzeichnet, in der Abfolge der von Abbado geleiteten Opernhäuser und Orchester.

Mailänder Scala

Vincenzo Bellini, I Capuleti e i Montecchi – CGD (Compagnia Generale Del Disco) Hunt (live, 1968)

Gaetano Donizetti, Lucia di Lammermoor – Nuova Era (live, 1967)

Giuseppe Verdi, Aida – DG (Deutsche Grammophon) (1983)

Giuseppe Verdi, Don Carlos (frz. Erstfassung, 5 Akte – DG (1983/84)

Giuseppe Verdi, Macbeth – DG (1975)

Giuseppe Verdi, Simon Boccanegra – DG (1977)

Giuseppe Verdi, Un ballo in maschera – DG (1976)

Giuseppe Verdi, Messa da Requiem – DG (1986)

Wiener Staatsoper / Wiener Philharmoniker

Ludwig van Beethoven, Neun Symphonien, Ouverturen – DG (1986/1989)

Alban Berg, Wozzeck – DG (1987)

Alban Berg, Drei Orchesterstücke op. 6 – DG (1995)

Anton Bruckner, Symphonien 1, 4, 5, 7, 9 – DG (live, 1990–1996)

Claude Debussy, Pelléas et Mélisande – DG (1991)

Gustav Mahler, Symphonien 2, 3, 9 – DG (1994, 1984, 1987)

Wolfgang Amadeus Mozart, Le nozze di Figaro – DG (1994)

Wolfgang Amadeus Mozart, Klavierkonzerte KV 466, 467, 503, 595 (Friedrich Gulda) – DG (1975/76)

Modest Mussorgski, Chowanschtschina – DG (live, 1989)

Wolfgang Rihm, Départ – DG (1990)

Gioachino Rossini, L'Italiana in Algeri – DG (1989)

Arnold Schönberg, Ein Überlebender aus Warschau – DG (live, 1993)

Arnold Schönberg, Gurre-Lieder – DG (1992)

Franz Schubert, Fierrabras (Chamber Orchestra of Europe) – DG (live, 1988)

Franz Schubert, Messe Es-Dur D 950 – DG (1987)

Giuseppe Verdi, Messa da Requiem – DG (1991)
Giuseppe Verdi, Quattro Pezzi Sacri – DG (1991)
Richard Wagner, Lohengrin – DG (1991)
Anton Webern, Orchesterwerke op. 1, 6, 10, 30 – DG (live, 1990)

London Symphony Orchestra

Hector Berlioz, Te Deum – DG (1981)
Georges Bizet, Carmen – DG (1978)
Felix Mendelssohn Bartholdy, 5 Symphonien – DG (1984/85)
Wolfgang Amadeus Mozart, 14 Klavierkonzerte (Rudolf Serkin) – DG (1982–1985)
Gioachino Rossini, Il barbiere di Sevilla – DG (1972)
Gioachino Rossini, La Cenerentola – DG (1972)
Igor Strawinsky, L'Oiseau de feu, Petruschka, Le Sacre du printemps, Pulcinella, Jeu des cartes – DG (1970–1981)
Peter Tschaikowsky, Klavierkonzert Nr. 1 b-Moll (Ivo Pogorelich) – DG (1985)

Chicago Symphony Orchestra

Béla Bartók, Klavierkonzerte 1, 2 (Maurizio Pollini) – DG (1977)
Hector Berlioz, Symphonie Fantastique – DG (1983)
Gustav Mahler, Symphonien 1, 2, 5, 6, 7 – DG (1976–1981)
Felix Mendelssohn Bartholdy/Max Bruch, Violinkonzerte (Shlomo Mintz) – DG (1980)
Sergej Prokofjew, Violinkonzerte 1, 2 (Shlomo Mintz) – DG (1983)
Peter Tschaikowsky, Symphonien 1–6 – Sony (1982–1995)

Berliner Philharmoniker

Ludwig van Beethoven, Symphonien Nr. 1–9 – DG (1999–2000)
Ludwig van Beethoven, Klavierkonzerte Nr. 1–5 – DG (1995)
Ludwig van Beethoven, Schauspielmusik «Egmont» (Cheryl Studer, Bruno Ganz) – DG (live, 1992)
Johannes Brahms, Symphonien Nr. 1–4, Haydn-Variationen, Schicksalslied, Alt-Rhapsodie, Nänie, Gesang der Parzen, Tragische Ouverture – DG (live, 1988–1991)
Johannes Brahms, Ein deutsches Requiem – DG (1993)
Johannes Brahms, Klavierkonzerte Nr. 1, 2 – DG (1987/88)
Johannes Brahms, Violinkonzert (Viktoria Mullova) – Philips (live, 1994)
Claude Debussy, Suite aus Pelléas et Mélisande, Trois Nocturnes, Prélude à l'aprés-midi d'un faune – DG (1998/99)

Paul Hindemith, Kammermusik Nr. 1, 4, 5 (Kolja Blacher, Wolfram Christ) – EMI (1996)

Gustav Mahler, Symphonien Nr. 1–9 – DG (live, 1989–2005)

Wolfgang Amadeus Mozart, Requiem – DG (1999)

Modest Mussorgskij, Boris Godunow – Sony (live, 1993)

Luigi Nono, Il canto sospeso (Barbara Bonney, Susanne Lothar, Bruno Ganz u. a.) – Sony (live, 1992)

Luigi Nono, Prometeo Suite – Sony (live, 1992)

Gioachino Rossini, Il viaggio a Reims – Sony (1992)

Arnold Schönberg/Robert Schumann, Klavierkonzerte (Maurizio Pollini) – DG (live, 1990)

Robert Schumann, Szenen aus Goethes Faust/Sony – (live, 1994)

Karlheinz Stockhausen/György Kurtág, Gruppen/Grabstein für Stephan, Stele – DG (live, 1994)

Hölderlin-Konzertzyklus: Johannes Brahms, Richard Strauss, Max Reger, Wolfgang Rihm – Sony (live, 1993)

Prometheus-Konzert: Ludwig van Beethoven, Franz Liszt, Alexander Skrjabin, Luigi Nono – Sony (live, 1992)

The Last Concert: Felix Mendelssohn Bartholdy, Ein Sommernachtstraum, Hector Berlioz, Symphonie Fantastique – Berlin Phil Media (live, 2013)

Film: Eine Kielspur im Meer – Abbado, Nono, Pollini (Bettina Ehrhardt, Ko-Autor Wolfgang Schreiber) – bce films & more (DVD, 2002)

Film: Claudio Abbado – Die Stille hören (Paul Smaczny) – Euroarts (DVD, 2003)

Chamber Orchestra of Europe

Joseph Haydn, Symphonien Nr. 93, 96, 98, 100, 102, 103 – DG (1989)

Wolfgang Amadeus Mozart, Don Giovanni – DG (live, 1997)

Wolfgang Amadeus Mozart, Violinkonzert KV 218, 271 (David Garrett) – DG (1994/95)

Franz Schubert, Alle Symphonien – DG (1986/87)

Lucerne Festival Orchestra

Ludwig van Beethoven, Symphonie Nr. 3 – accentus (DVD, live, 2013)

Ludwig van Beethoven, Schauspielmusik zu Goethes «Egmont» – accentus (DVD, live, 2012)

Anton Bruckner, Symphonie Nr. 4 – Luzern Festival Edition (live, 2006)

Anton Bruckner, Symphonie Nr. 5 – accentus (DVD, live, 2011)

Anton Bruckner, Symphonie Nr. 9 – DG (letzte Aufnahme, live, 2013)

Claude Debussy, La Mer – DG (live, 2003)

Gustav Mahler, Symphonie Nr. 4 – Euroarts (DVD, live, 2009)
The First Years Claudio Abbado: Beethoven, Anton Bruckner, Claude Debussy, Gustav Mahler – Euroarts (5 DVD, live, 2003–2006)

Orchestra Mozart

Johann Sebastian Bach, Brandenburgische Konzerte 1–6 – DG (live, 2007)
Alban Berg/Ludwig van Beethoven, Violinkonzerte (Isabelle Faust) – DG (live, 2010)
Wolfgang Amadeus Mozart, Symphonien KV 201, 319, 385, 504, 551 – DG-Archiv (live, 2005/06)
Wolfgang Amadeus Mozart, Klavierkonzerte KV 503, 466 (Martha Argerich) – DG (live, 2013)
Wolfgang Amadeus Mozart, Violinkonzerte 1–5 (Giuliano Carmignola) – DG-Archiv (live, 2007)
Giovanni Battista Pergolesi, Stabat Mater – DG-Archiv (live, 2007)
Franz Schubert, «Große» Symphonie C-Dur D 944 – DG (live, 2011)
Robert Schumann, Symphonie Nr. 2 – DG (live, 2012)
Film: The Orchestra Mozart (Helmut Failoni, Francesco Merini) – Euroarts (DVD, 2012/13)

Andere Orchester

Ludwig van Beethoven, Fidelio (Mahler Chamber Orchestra) – Decca (live, 2010)
Claude Debussy, Trois Nocturnes (Boston Symphony Orchestra) – DG (1970)
Wolfgang Amadeus Mozart, Die Zauberflöte (Mahler Chamber Orchestra) – DG (live, 2005)
Luigi Nono, Como una ola de fuerza y luz (Symphonieorchester des Bayerischen Rundfunks) – DG (1973)
Luigi Nono, Caminantes ... Ayacucho (Gustav Mahler Jugendorchester) – Musicom (1996)

出版后记
为了共同的挚爱

如果你是从市区前往萨尔茨堡老城，那么过桥以后穿过门洞，你就能看到莫扎特出生地的那座黄色的醒目建筑；从这里左拐再右拐，经过一连串的餐馆和商铺后，就又到了一个凉爽的门洞——再往前，就是长年开放的露天集市以及那著名的一字排开的三座音乐厅了——这门洞的左边有家书店，其朝向行人的橱窗里摆满了各色各样的音乐图书，2019 年强烈推荐的就是这本黑色封面的德文版《克劳迪奥·阿巴多》。我在心里对自己说，要是在别处我再看见这本书，那就一定把它拿下。

怎么会碰不见呢？入住酒店旁边的另一家书店里，迎面放着的也是这本大师传记——这本书就这样落入了我的背包。

我第一次得见阿巴多的名字是在入住新居的小区音乐教室里，巨幅招贴上是英气勃勃的阿巴多和他手下的乐队（哪个乐队记不得了）。1989 年卡拉扬谢世后阿巴多出任柏林爱乐首席指挥，为这家古老乐队吹送进一丝清新之气。2009 年，琉森音乐节在北京国家大剧院同步演出，大病初愈的大师率领其亲兵琉森节日乐团连演四场——本人是场场签到，其中马勒的四首交响曲（马一到马四）留下了终生难忘的记忆，叹为音乐聆听的极致体验。记得马一特意选择看台上大师对面的位置，这样得以亲炙大师风采，一饱大师魅力；马四是坐在二楼一排的位置上，耳轮中大师将马勒第四交响曲的色彩和明暗变化演绎得淋漓尽致，而其中的深刻精神内涵在出了音乐厅后竟让人寤寐思之，竟有两天茶饭无味，听其他音乐都索然无味（音乐的力量也实在叫人无可无不可）。

这本书从一开始的购买到后来的翻译策划，每一步都与纪宴兄保持着密切的沟通和磋商；纪宴兄不辞辛苦地寻觅和介绍译者是在今年疫情第一波刚刚有所收敛时——那时是春天；到译稿杀青，纪宴兄又以高度认真负责的态度审订译稿——这时是盛夏；纪宴兄对音乐的热爱和诚挚实在令人感佩！没有纪宴兄每一步的鼓励和支持，这本书断然不会与读者见面……是共同的对阿巴多和音乐的热爱将我们聚合在一起——热诚地希望还能与纪宴兄在今后有更多的合作和切磋。

此书发排时正是帝都三伏天最热的时候，担当本书责任编辑的张纯兄外出度假还不忘带着清样——希望奉献在读者面前的这部第一本中文阿巴多传记是一本真正经得起推敲的有专业水准的著作，也真心希望能得到您的青睐。是此，不负与它在萨尔茨堡的相遇，不负那些夜晚的切磋和白日的筹划……

本书出版人　申明

于盛夏三伏之立秋日（2020）